세밀화로 그린 보리 어린이
곤충 도감

그림 / 권혁도
권혁도 선생님은 1955년에 경상 북도 예천에서 태어났습니다. 추계예술대학교에서 동양화를 공부했습니다.
1995년부터 지금까지 세밀화로 곤충을 그리고 있습니다. 그동안 《누구야 누구》《세밀화로 그린
보리 어린이 식물 도감》《세밀화로 그린 보리 어린이 동물 도감》들을 그렸습니다.

세밀화로 그린 보리 어린이

곤충 도감

그림 / 권혁도
감수 / 김진일(성신여자대학교 생물학과 교수), 이건휘(호남농업시험장 곤충연구실),
　　　김성수(경희여자고등학교 교사), 배연재(서울여자대학교 환경생명과학부 교수), 이홍식(농업과학기술원
　　　잠사곤충부), 이만영(농업과학기술원 잠사곤충부), 신이현(국립보건원 바이러스부), 이영준(서울대학교
　　　곤충분류학 연구실), 최득수(연세대학교 환경공학과), 김태우(농업과학기술원 잠사곤충부)
글 / 김진일, 신유항(경희대학교 명예교수), 김성수, 김태우, 최득수, 이건휘, 차진열(국립공원관리공단
　　　자연생태연구소), 변봉규(국립수목원 식물조사과), 장용준(고려대학교 생명과학부), 신이현, 이만영,
　　　전동준(고려대학교 한국곤충연구소), 황정훈(농업과학기술원 잠사곤충부)
도와주신 분 / 김동순(원예연구소), 김호철(경희대학교 한약리학교실), 김희정(변산공동체학교),
　　　노환철(전북 완주), 서금룡(전북 부안), 양병모(변산공동체학교), 이순원(대구사과연구소),
　　　조영복(한남대학교 자연사박물관), 조찬준(전북 부안), 최재두(충북 음성), 최준열(농업과학기술원)

편집 / 김용란, 김종현, 노정임, 류미영, 박정훈, 심조원, 유현미, 이대경, 전광진
디자인 / 이안디자인
기획실 / 김소영, 김수연, 김용란
제작 / 심준엽
영업마케팅 / 심규완, 양병희, 윤민영
영업관리 / 안명선
새사업부 / 조서연
경영지원실 / 차수민
인쇄 / (주)로얄프로세스, 제본 / 과성제책

1판 1쇄 펴낸 날 / 2008년 1월 21일
1판 21쇄 펴낸 날 / 2025년 4월 30일
펴낸이 / 유문숙
펴낸 곳 / (주)도서출판 보리
출판 등록 / 1991년 8월 6일 제 9-279호
주소 / (10881) 경기도 파주시 직지길 492
전화 / (031) 955-3535, 전송 / (031) 955-3533
누리집 / www.boribook.com, 전자우편 / bori@boribook.com

ⓒ 권혁도, 보리기획, 2008
이 책의 내용을 쓰고자 할 때는 저작권자와 출판사의 허락을 받아야 합니다. 잘못된 책은 바꿔 드립니다.
값 35,000원

ISBN 978-89-8428-510-1 76490　978-89-8428-544-6(세트)
이 도서의 국립중앙도서관 출판시도서목록(CIP)은 서지정보유통지원시스템 홈페이지(http://seoji.nl.go.kr)와
국가자료공동목록시스템(http://www.nl.go.kr/kolisnet)에서 이용하실 수 있습니다. (CIP 제어번호: CIP2007004039)

제품명 : 도서　제조자명 : (주)도서출판 보리　주소 : (10881) 경기도 파주시 직지길 492　전화번호 : (031) 955-3535
제조년월 : 2025년 4월　제조국 : 대한민국　사용연령 : 8세 이상　주의사항 : 책의 모서리가 날카로우니 다치지 않게 주의하세요.
KC 마크는 이 제품이 공통안전기준에 적합하였음을 의미합니다.

세밀화로 그린 보리 어린이

곤충도감

우리 둘레에서 흔하게 볼 수 있는 토박이 곤충

그림 권혁도 | 감수 김진일 외

보리

일러두기

1. 초등학생부터 중고등 학생이나 어른까지 함께 볼 수 있도록 쉽게 썼습니다.
   세밀화는 곤충을 하나하나 취재해서 보고 그렸습니다.

2. 우리 둘레에서 흔하게 볼 수 있는 곤충을 실었습니다. 곤충 이름은 분류 차례대로
   올렸습니다. 곤충 한 종 한 종에 대한 자세한 풀이글과 세밀화가 실려 있습니다.

3. 곤충 이름과 분류와 학명은 ≪한국곤충명집≫(한국곤충학회, 건국대학교 출판부, 1994,
   서울), ≪한국곤충생태도감≫(고려대학교 한국곤충연구소, 1998, 서울), ≪한반도산
   잠자리목 곤충지≫(이승모, 정행사, 2001, 서울)를 참고했습니다. 북녘에서 쓰는 이름은
   ≪식물곤충사전≫(백과사전출판사, 1991, 평양)을 따랐습니다.

4. 곤충을 쉽게 찾아볼 수 있게 '그림으로 찾아보기'를 두었습니다.

5. '우리 이름 찾아보기'에서는 곤충을 가나다 차례로 찾아볼 수 있습니다.
   '학명 찾아보기'에서는 곤충을 abc 차례로 찾아볼 수 있습니다.

6. 본문 보기

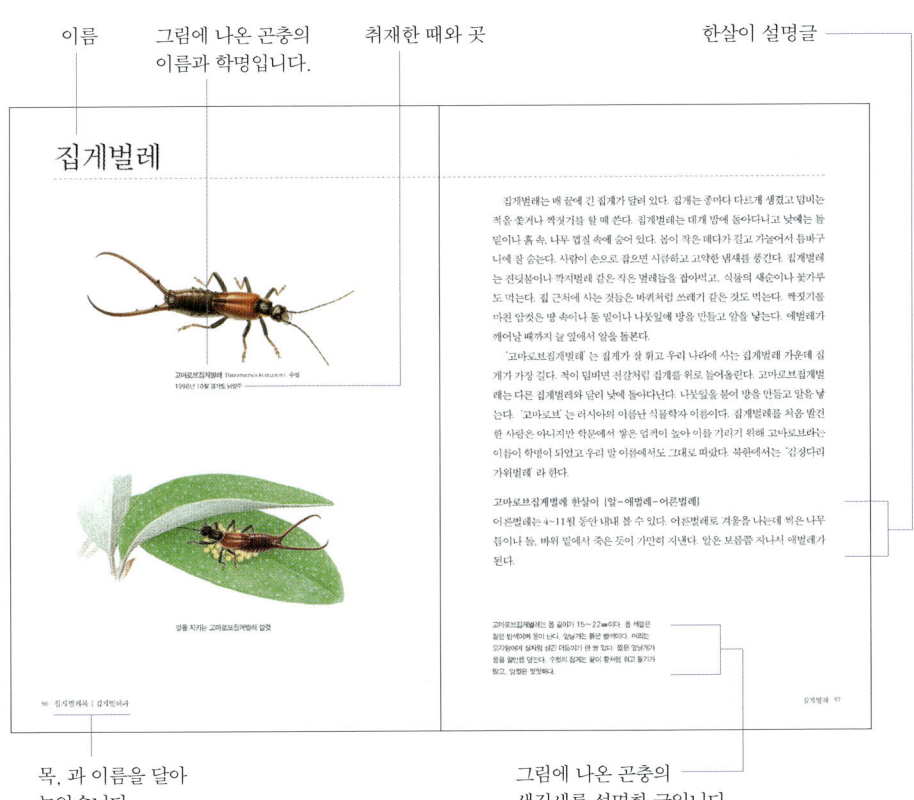

- 이름
- 그림에 나온 곤충의 이름과 학명입니다.
- 취재한 때와 곳
- 한살이 설명글
- 목, 과 이름을 달아 놓았습니다.
- 그림에 나온 곤충의 생김새를 설명한 글입니다.

차례

일러두기 4
그림으로 찾아보기 8
곤충의 생김새 20
곤충의 한살이 22
짝짓기와 알 낳기 24
곤충의 겨울나기 26
집에 사는 곤충 28
들에 사는 곤충 30
산에 사는 곤충 32
물에 사는 곤충 34

산과 들에 사는 곤충

하루살이목
하루살이 38

잠자리목
실잠자리 40
검은물잠자리 42
노란측범잠자리 44
왕잠자리 46
밀잠자리 48
고추잠자리 50

바퀴목
바퀴 52

사마귀목
사마귀 54

집게벌레목
집게벌레 56

메뚜기목
여치 58
왕귀뚜라미 60
땅강아지 62
섬서구메뚜기 64
벼메뚜기 66
방아깨비 68
콩중이 70

대벌레목
대벌레 72

이목
이 74

노린재목
장구애비 76
게아재비 78
물장군 80
물자라 82
송장헤엄치게 84
소금쟁이 86
큰허리노린재 88
알락수염노린재 90

매미목
매미충 92
벼멸구 94
말매미 96
유지매미 98
참매미 100
털매미 102
진딧물 104

풀잠자리목
명주잠자리 106

딱정벌레목
길앞잡이 108
물방개 110

물맴이 112
물땡땡이 114
송장벌레 116
톱사슴벌레 118
소똥구리 120
왕풍뎅이 122
장수풍뎅이 124
풀색꽃무지 126
점박이꽃무지 128
반딧불이 130
칠성무당벌레 132
큰이십팔점박이무당벌레 134
가뢰 136
톱하늘소 138
꽃하늘소 140
하늘소 142
뽕나무하늘소 144
잎벌레 146
거위벌레 148
배자바구미 150
밤바구미 152
쌀바구미 154

벌목
일본왕개미 156
곰개미 158

호리병벌 160
말벌 162
땅벌 164
쌍살벌 166
나나니 168
꿀벌 170
호박벌 172

날도래목
날도래 174

나비목
노랑쐐기나방 176
노랑띠알락가지나방 178
누에나방 180
점갈고리박각시 182
작은검은꼬리박각시 184
줄점팔랑나비 186
애호랑나비 188
긴꼬리제비나비 190
호랑나비 192
모시나비 194
배추흰나비 196
노랑나비 198
각시멧노랑나비 200
뿔나비 202
애기세줄나비 204
네발나비 206

파리목
각다귀 208
모기 210
왕소등에 212
빌로오도재니등에 214
호리꽃등에 216
꽃등에 218
노랑초파리 220
쉬파리 222
뒤영벌기생파리 224
중국별똥보기생파리 226

벼룩목
벼룩 228

덧붙이기
이로운 곤충 232
해로운 곤충 234
조심해야 할 곤충 236

우리 이름 찾아보기 238
학명 찾아보기 239

그림으로 찾아보기

하루살이목

참납작하루살이 38

잠자리목

아시아실잠자리 40

가는실잠자리 40

먹줄왕잠자리 46

검은물잠자리 42

노란측범잠자리 44

밀잠자리 48

고추잠자리 50

바퀴목

독일바퀴 52

사마귀목

왕사마귀 54

집게벌레목

고마로브집게벌레 56

메뚜기목

대벌레목

이목

이 74

노린재목

장구애비 76

물장군 80

게아재비 78

물자라 82

송장헤엄치게 84

큰허리노린재 88

소금쟁이 86

알락수염노린재 90

매미목

참매미 100

끝검은말매미충 92

벼멸구 94

진딧물 104

말매미 96

털매미 102

유지매미 98

풀잠자리목

명주잠자리 106

딱정벌레목

좀길앞잡이 108
물방개 110
물맴이 112
잔물땡땡이 114
큰넓적송장벌레 116
애기뿔소똥구리 120
톱사슴벌레 118
장수풍뎅이 124
왕풍뎅이 122
풀색꽃무지 126
점박이꽃무지 128

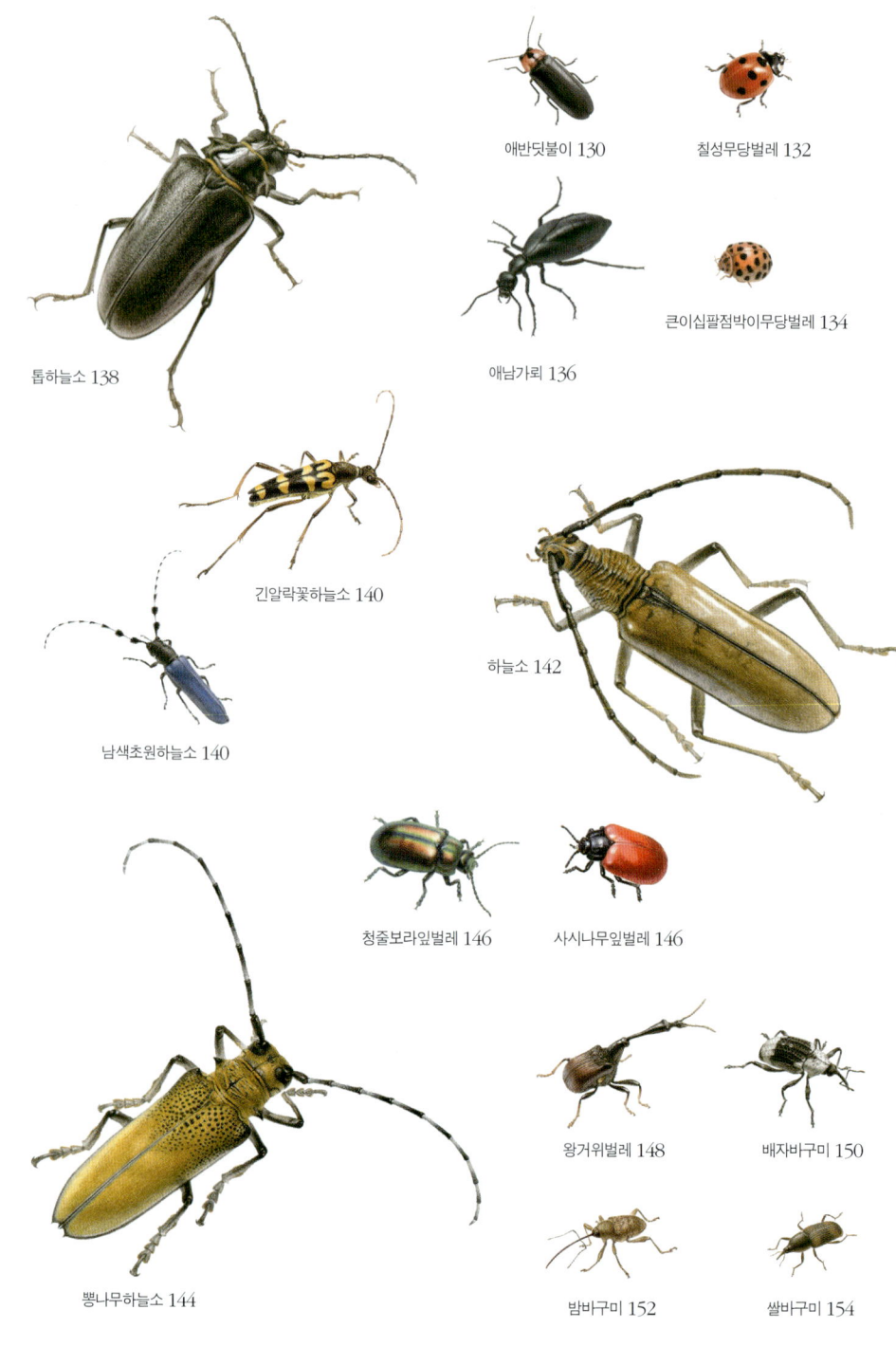

벌목

일본왕개미 156  곰개미 158

애호리병벌 160

말벌 162

땅벌 164

왕바다리 166

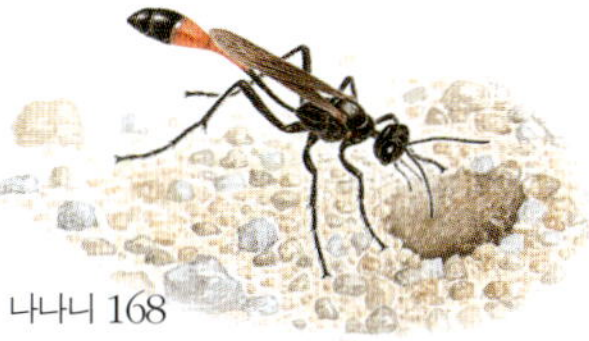

나나니 168

양봉꿀벌 170

어리호박벌 172

호박벌 172

날도래목

날도래 174

그림으로 찾아보기 15

나비목

노랑띠알락가지나방 178
누에나방 180
노랑쐐기나방 176
작은검은꼬리박각시 184
점갈고리박각시 182
줄점팔랑나비 186
애호랑나비 188

파리목

황나각다귀 208

어리아이노각다귀 208

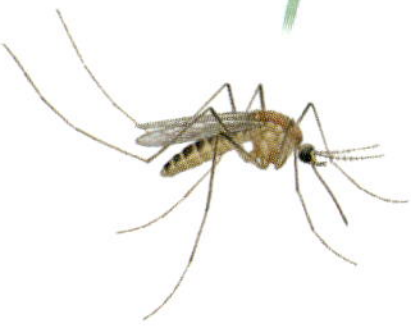

빨간집모기 210

왕소등에 212

빌로오도재니등에 214

호리꽃등에 216

꽃등에 218

배짧은꽃등에 218

노랑초파리 220

검정볼기쉬파리 222

뒤영벌기생파리 224

중국별뚱보기생파리 226

벼룩목

벼룩 228

곤충의 생김새

곤충은 절지동물에 속한다. 절지동물은 다리가 마디로 이루어져 있는 동물이라는 뜻이다. 곤충은 몸이 머리, 가슴, 배로 뚜렷이 나뉜다.

곤충의 머리에는 더듬이와 눈과 입이 있다. 더듬이는 한 쌍이 있어서 냄새를 맡고, 온도와 습기를 느낀다. 종에 따라, 암수에 따라, 사는 곳에 따라 다르게 생겼다. 어두운 곳에서 사는 귀뚜라미나 바퀴는 더듬이가 길고, 밝은 곳에서 날아다니는 잠자리는 더듬이가 짧다. 눈은 겹눈 한 쌍과 홑눈이 세 개 있다. 동굴 속에서 사는 곤충은 겹눈이 낱눈 몇 개로만 이루어지기도 한다. 어른벌레는 홑눈이 머리 꼭대기에 세 개 있고, 애벌레는 머리 양쪽으로 한 개에서 여섯 개가 있다. 입은 곤충마다 생김새가 아주 다르다. 하는 일로 보면 씹는 입과 빠는 입으로 크게 나눌 수 있다. 메뚜기나 딱정벌레는 씹는 입인데 딱딱한 것을 잘 씹어 먹는다. 매미나 모기나 벼룩은 빠는 입이다. 대롱처럼 생겨서 나무즙이나 짐승 피를 빨아 먹기에 알맞다.

가슴은 세 마디로 되어 있으며 마디마다 다리가 한 쌍씩 있고, 가운데가슴과 뒷가슴에 날개가 한 쌍씩 있는 것이 많다. 절지동물에 속하는 동물 가운데 다리가 세 쌍 있는 것은 곤충뿐이다.

곤충의 다리는 걷고 뛰는 것이 본디 구실이지만 사마귀 앞다리는 먹이를 잡는 데 알맞게 바뀌었고 땅강아지 앞다리는 땅을 파기 좋게 바뀌었다. 물방개 뒷다리는 헤엄치기 알맞게 바뀌었다. 이렇게 곤충은 저마다 자기가 사는 곳에 적응하는 능력이 뛰어나다. 이런 적응력이 곤충을 아주 오랜 세월 동안 살아남게 하였다.

들이나 풀밭에서 사는 나비는 흰색, 노랑색, 주황색 같은 밝은 색이 많다. 이런 색은 햇빛을 반사해서 체온이 올라가지 않게 한다. 숲속에 사는 것은 어두운 색을 띠는 것이 많은데 어두운 색은 거꾸로 햇빛을 흡수해서 체온이 내려가지 않도록 해 준다.

여러 가지 절지동물

왕지네 쥐며느리 노래기

곤충의 몸을 가리키는 말

톱사슴벌레 labels: 큰턱, 머리방패, 더듬이, 앞가슴등판, 머리, 가슴, 배, 딱지날개

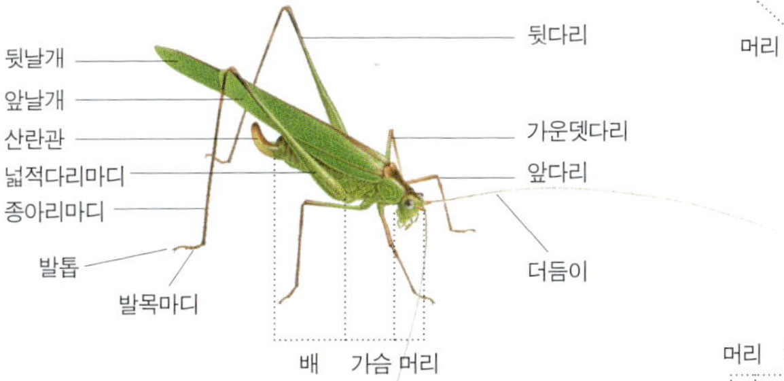

검은다리실베짱이 labels: 뒷날개, 앞날개, 산란관, 넓적다리마디, 종아리마디, 발톱, 발목마디, 뒷다리, 가운뎃다리, 앞다리, 더듬이, 배, 가슴, 머리

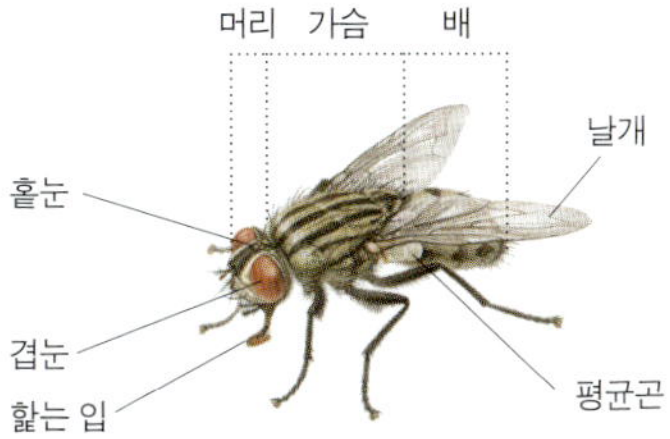

쉬파리 labels: 머리, 가슴, 배, 날개, 홑눈, 겹눈, 핥는 입, 평균곤

곤충의 몸길이

콩중이 (몸길이) 큰허리노린재 (몸길이) 칠성무당벌레 (몸길이)

생김새 21

곤충의 한살이

곤충의 한살이는 알에서 시작해서 애벌레와 번데기를 거쳐 어른벌레에서 끝난다. 이렇게 네 단계를 거치는 것을 '갖춘탈바꿈'이라고 하는데 진화한 곤충에서 볼 수 있다.

네 단계 가운데 번데기를 거치지 않고 애벌레에서 바로 어른벌레가 되는 것을 '안갖춘탈바꿈'이라고 한다. 하루살이나 강도래나 잠자리는 애벌레 때는 물속에서 살고 어른벌레가 되면 뭍으로 나와 살아서 애벌레와 어른벌레가 많이 다르게 생겼다. 애벌레 때는 물속에서 아가미로 숨을 쉬지만 어른벌레 때는 뭍에서 숨구멍으로 바로 공기를 마셔야 하기 때문이다. 바퀴나 메뚜기도 애벌레에서 바로 어른벌레가 되지만 생김새가 많이 달라지지는 않는다.

알
짝짓기가 끝난 암컷은 애벌레의 먹이 가까이에 알을 낳는다. 하나씩 낳는 것도 있지만 수백 개를 덩어리로 낳는 것도 있다. 알은 생김새나 빛깔이 저마다 다르다. 공처럼 둥근 것도 있고 양 끝이 뾰족하거나 찐빵처럼 생긴 것도 있다.

애벌레
곤충은 애벌레일 때 가장 많이 먹는다. 한 세대를 거치는 동안 필요한 양분을 몸에 쌓아 두어야 하기 때문이다. 애벌레는 허물을 벗으면서 크는데, 세 번 허물을 벗는 것부터 많게는 열여섯 번 허물을 벗는 것까지 있다. 생김새는 저마다 다르다. 몸에 털이나 가시나 돌기가 있는 것도 많다.

번데기
번데기는 갖춘탈바꿈을 하는 곤충만 거치는 단계다. 번데기 때는 아무것도 안 먹고 움직이지도 못하니까 다른 곤충이나 새의 눈에 덜 띄는 안전한 곳을 잘 골라서 자리를 잡는다. 번데기는 겉으로 보면 가만히 있는 것 같아도 번데기 껍질 안에서는 애벌레가 어른벌레로 바뀌는 큰 변화가 일어난다.

갖춘탈바꿈을 하는 곤충

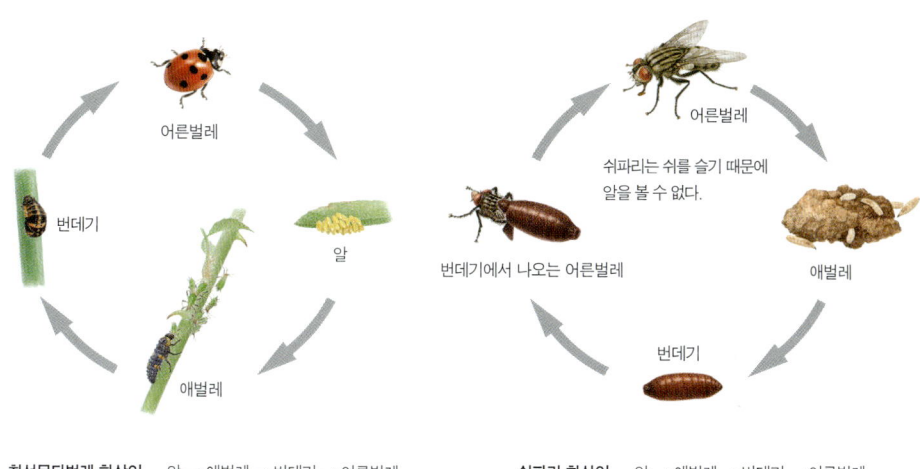

안갖춘탈바꿈을 하는 곤충

곤충의 짝짓기와 알 낳기

　모든 동물들은 짝짓기를 하고 자손을 남긴다. 곤충도 마찬가지다.
　곤충은 보통 '양성 생식'을 한다. 양성 생식은 암컷과 수컷이 짝짓기를 하고 알을 낳는 것이다. 이런 방법은 여러 가지 좋은 점도 있지만 짝을 만나지 못하면 알을 낳을 수가 없다. 그래서 곤충들은 짝짓기를 할 배우자를 만나려고 저마다 다른 방법을 쓴다. 매미나방 수컷은 암컷이 배에서 뿜어내는 냄새를 맡고 찾아간다. 거리가 3.7km나 떨어진 곳에서도 찾을 수 있다고 한다. 암컷이 뿜어내는 이런 냄새를 '페로몬'이라고 한다. 수컷은 더듬이가 암컷보다 복잡하게 생겨서 공기 중에 페로몬이 아주 조금만 퍼져 있어도 알아챌 수 있다.
　반딧불이는 수컷이 꽁무니불을 깜박여서 자기가 있는 곳을 알린다. 암컷은 수컷이 내는 빛을 보고 자기도 꽁무니불을 켜서 짝짓기할 뜻이 있다는 신호를 보낸다. 빛을 반짝거리는 간격과 횟수는 반딧불이마다 다르다.
　곤충들 가운데는 짝짓기를 하지 않고 새끼를 치는 것도 있다. 이런 것을 '단성 생식'이나 '처녀 생식'이라고 한다. 진딧물 암컷은 봄부터 수컷 없이 새끼를 낳는다. 진딧물은 이렇게 봄부터 가을까지 수많은 새끼를 낳을 수 있다. 가을이 되어 해가 짧아지면 수컷이 태어나고 암컷은 수컷과 짝짓기를 하고 알을 낳는다.
　곤충마다 낳는 알의 수도 다르다. 줄점팔랑나비는 알을 80개쯤 낳는데 집파리는 천 개, 흰개미의 여왕개미는 무려 5억 개를 낳는다. 낳는 알의 수는 애벌레가 먹을 먹이나 온도나 습도에 따라서도 크게 달라진다. 애벌레가 먹을 것이 부족하고 날씨도 서늘하면 암컷이 알을 적게 낳는다.

곤충의 짝짓기

꽁무니를 대고 짝짓기하는 시골가시허리노린재

풀 줄기에 매달려 짝짓기하는 황나각다귀

수컷이 암컷 등에 올라타서 짝짓기하는 섬서구메뚜기

곤충의 알 낳기

땅속에 알을 낳는 방아깨비

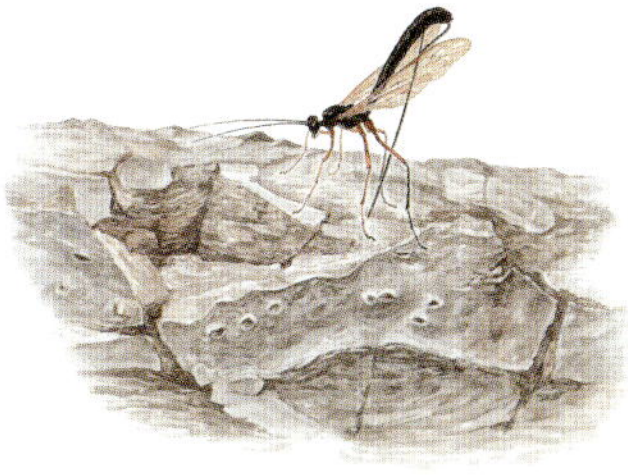

나무껍질 속에 사는 하늘소 애벌레 몸에 알을 낳는 맵시벌

등에 알을 지고 다니는 물자라 수컷

나뭇잎 위에서 알을 지키는 집게벌레 암컷

나무줄기에 알을 낳고 몸에 있는 털로 덮어 두는 매미나방

곤충의 겨울나기

곤충들은 날씨가 추워지면서 자취를 감춘다. 죽어서 사라진 것이 아니라 일찌감치 추위를 견뎌 내기에 알맞은 곳으로 숨어든 것이다.

곤충들이 겨울을 준비하는 때나 겨울을 나는 곳이나 겨울을 나는 모습은 저마다 다르다. 같은 나비라도 모시나비는 알로 겨울을 나고, 줄점팔랑나비는 애벌레로, 배추흰나비는 번데기로, 뿔나비는 어른벌레로 겨울을 난다. 저마다 추위를 가장 잘 이겨 낼 수 있는 모습으로 겨울을 나는 것이다.

딱정벌레는 썩은 나무줄기 속에 구멍을 파고 들어가서 겨울을 나고, 하늘소는 상수리나무 줄기 속에서 애벌레나 어른벌레로 겨울을 난다. 썩은 나무껍질 밑에서는 맵시벌이 겨울을 나고, 거름더미 속에서는 장수풍뎅이 애벌레나 꽃무지 애벌레가 겨울을 난다. 에사키뿔노린재와 애허리노린재는 나무껍질 밑에서 겨울을 나고 먼지벌레는 썩은 풀이나 나무뿌리 곁에 갈라진 틈새로 들어가 겨울을 지낸다. 이렇게 곤충들은 따뜻하고, 습도가 알맞고, 찬바람이 바로 닿지 않는 곳에서 겨울을 난다.

곤충이 겨울을 나는 곳이나 겨울을 나는 모습을 잘 알면 해충을 미리 막을 수도 있다. 겨울 동안 나무줄기에 짚이나 거적을 둘러 두는 것도 해충을 막기 위한 것이다. 이른 봄에 논두렁이나 밭두렁을 태우는 것도 마찬가지 까닭이다.

추운 겨울을 넘기지 못하고 죽는 곤충도 많다. 논농사 해충인 이화명나방 애벌레는 겨울 동안 10~20%가 얼어 죽는다. 벼멸구나 된장잠자리는 겨울 전에 모두 죽는다.

굼벵이

곤충의 겨울나기

집에 사는 곤충

집은 비바람이나 추위나 더위를 피해 편히 쉴 수 있는 곳이다. 사람이 살려고 만들었지만 사람뿐 아니라 여러 곤충들이 살기에도 알맞은 곳이다. 비나 눈을 피할 수 있을 뿐만 아니라 먹을 것도 있다. 또 천적을 피해서 몸을 숨길 수 있는 곳이 많다.

부엌을 들여다보자. 이곳에는 먹을 것이 있고 물기가 있다. 또 찬장처럼 숨어 있을 곳이 많아서 곤충들이 살기에 부족함이 없다. 부엌이나 화장실에는 바퀴도 많이 산다. 바퀴는 찬장이나 싱크대 서랍 안에도 드나든다. 밝은 것을 싫어해서 낮에는 구석지고 어두운 곳에 있다가 밤이 되면 돌아다니는데 움직임이 빨라서 잡기도 어렵다.

광이나 부엌에 갈무리해 둔 쌀이나 보리, 콩이나 팥 같은 곡식에도 곤충이 산다. 밀가루나 감자 가루 같은 여러 가지 곡식 가루에도 있다. 쌀독에서는 쌀바구미나 화랑곡나방이 나고 콩 자루에서는 콩바구미가 난다. 마른 명태나 오징어나 멸치 같은 건어물에서도 여러 가지 곤충들이 생겨난다.

벽장이나 옷장을 열면 조그만 나방이 날아서 나오는데 이것은 옷좀나방이다. 털실로 짠 옷이나 모피, 가죽옷을 갉아 먹는다.

부엌이나 찬장 속이나 장판 틈에서 작은 개미들이 부지런히 움직이는 것을 볼 수

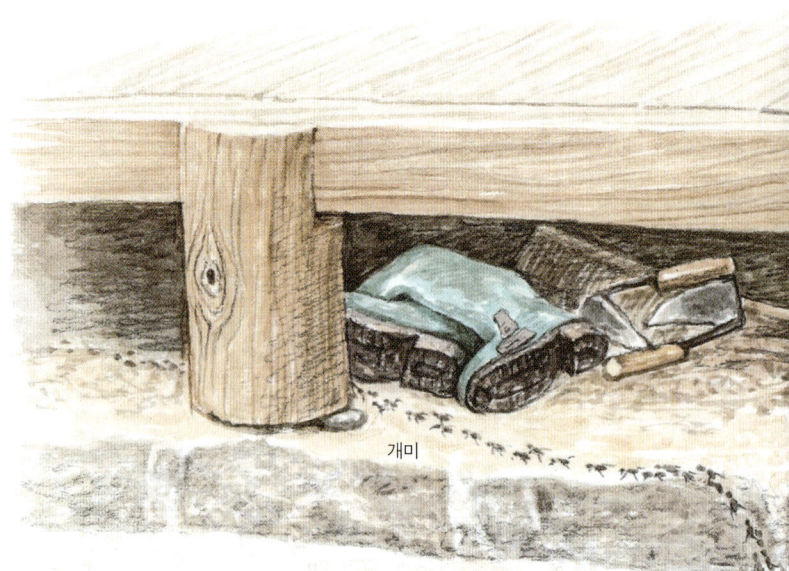

개미

있는데 이 개미가 애집개미다. 몸길이가 2mm쯤 되는 작은 개미인데 설탕 그릇이나 과자 부스러기가 있으면 바글바글 모여든다.

또 집에서 사는 곤충으로 흔한 것이 좀하고 빈대다. 좀은 광이나 책꽂이에 숨어 사는데 어쩌다가 방바닥으로 기어 나오기도 한다. 몸길이는 7mm쯤이고 더듬이는 길고 몸은 은빛이 나며 퍽 빠르게 움직인다. 벽지 같은 종이나 벽지에 바른 풀 따위를 먹고 산다. 빈대는 벽, 벽지, 나무 기둥, 가구, 이불, 문틈에 숨어 있다가 밤에만 나와서 피를 빨아 먹는다. 아무것도 먹지 않고도 오랫동안 산다. 1950년 이전에는 빈대가 많았지만 1950년대부터 디디티(DDT) 같은 살충제를 치기 시작하면서 점점 사라졌다.

쉬파리

쥐며느리

들에 사는 곤충

　곤충은 논밭에도 있고 풀밭이나 땅속에도 산다. 짐승에 붙어살거나 똥을 먹고 사는 곤충도 있다.
　철에 따라 풀이나 나무가 달라지고 나타나는 곤충도 다르다. 삼월 말쯤 되면 밭둑이나 집 가까이에서는 번데기에서 갓 깨어난 배추흰나비가 날고, 산자락에 들어서면 갈구리나비와 호랑나비가 날아다닌다.
　늦봄이 되면 밀잠자리가 풀밭을 날아다닌다. 민들레나 토끼풀 같은 온갖 봄꽃들이 피면 꿀벌들이 꿀을 모으느라 바쁘다.
　곤충들 가운데는 더위를 견디기 어려워하는 것들이 많다. 멧노랑나비나 각시멧노랑나비 같은 곤충들은 더위를 피하려고 여름잠을 잔다.
　먹이를 찾아서 부지런히 다니는 곤충들도 많다. 풀섶에서는 여치 울음소리도 들리고, 방아깨비와 섬서구메뚜기는 풀 줄기에서 쉬고 있다. 흙이 드러난 맨땅에서는 콩

방아깨비

중이와 두꺼비메뚜기가 이리저리 뛰어다닌다. 장맛비가 갠 맑은 하늘에는 된장잠자리가 시원스럽게 난다. 소똥 무더기에서는 소똥구리가 자기 몸뚱이만 한 똥 경단을 만들어 열심히 굴리고 있다.

　가을이 오면 풀밭에서는 왕귀뚜라미 울음소리가 들린다. 들판에 쑥부쟁이, 구절초, 참취나물 같은 가을꽃이 피어나면 네발나비는 꽃꿀을 빨면서 겨울을 날 준비를 한다. 누렇게 물든 논에서는 벼메뚜기가 잎과 줄기에서 햇빛을 쪼이고 있다. 사마귀는 풀 줄기에 거꾸로 매달려 거품에 싸인 알을 낳는다. 모두 다가올 겨울을 준비하는 것이다. 이듬해 봄이 되면 들판에서 다시 곤충들이 깨어날 것이다.

무당벌레

고추잠자리

사마귀

노랑나비

산에 사는 곤충

　봄에 산길을 걷다 보면 가랑잎 위에 날개를 펴고 앉아 햇볕을 쪼이고 있는 뿔나비를 볼 수 있다. 조금 지나면 깊은 산에 피어난 분홍빛 얼레지 꽃에 애호랑나비가 날아와서 꿀을 빤다. 산기슭마다 붉게 피어난 진달래꽃에는 호랑나비가 날아온다. 풀 줄기에는 더듬이가 유난히 긴 노랑뿔잠자리가 쉬고 있고, 긴꼬리제비나비가 빠르게 날아간다. 겨울을 난 각시멧노랑나비는 날개 색이 바랜 채 힘없이 숲속을 날아다닌다.
　봄바람이 살랑거리는 산길을 오르다 보면 사시나무 잎에는 사시나무잎벌레가 기어다닌다. 꽃잎이나 나무줄기에 붙어 있는 방아벌레를 건드리면 톡 튀어 오른다.
　여름이 오면 산꼭대기 풀밭에서 산호랑나비가 날고 산자락에서는 애기세줄나비가 낮게 날아다닌다. 산길 옆에 쌓아 둔 나무토막 사이로 털두꺼비하늘소가 걸어 다닌다.
　한여름이 되면 숲에서 털매미가 울어 대기 시작한다. 매미 철이 온 것이다. 참매미,

말매미, 쓰름매미, 애매미가 줄줄이 나타나 저마다 다른 소리로 요란스럽게 울어 댄다. 나뭇진이 흘러나온 참나무 줄기에는 장수풍뎅이를 비롯한 풍뎅이들과 말벌들이 모여들어 서로 좋은 자리를 차지하려고 자리다툼을 한다. 산자락 풀밭에서 풀색꽃무지들이 꽃 속을 파고들고 긴알락꽃하늘소도 꽃에 모여 꽃잎을 뜯어 먹는다. 엉겅퀴 꽃에서는 호박벌이 요란스레 윙윙대면서 꽃꿀을 빨고 있다. 밤이 되면 산골짜기나 시냇가에서는 애반딧불이가 반짝반짝 빛을 내면서 날아다닌다.

　가을이 오면 숲에서 베짱이나 귀뚜라미 같은 풀벌레들이 우는 소리가 요란하다. 노란 감국 꽃에는 네발나비가 다가올 겨울을 대비해 꽃꿀을 빠느라고 바쁘다. 찬바람이 불기 시작하면 무당벌레들이 양지바른 산기슭으로 모여들어 겨울잠을 잘 준비를 한다.

쌍살벌 집

물에 사는 곤충

물에서도 곤충이 산다. 흐르는 물에서는 하루살이나 날도래나 강도래가 많이 살고, 고여 있거나 천천히 흐르는 물에서는 잠자리 애벌레나 장구애비나 물방개가 산다. 게아재비나 물자라는 평생을 물속에 산다. 하루살이나 잠자리, 날도래, 모기, 꽃등에는 애벌레 때는 물속에 살고 어른벌레가 되면 땅 위를 날아다닌다.

물에 사는 곤충은 먹이도 다 다르다. 하루살이 애벌레는 물속에 떨어진 썩은 나뭇조각이나 물풀들을 먹는다. 잠자리 애벌레는 물벼룩이나 올챙이나 작은 물고기를 잡아먹는다. 게아재비나 장구애비 같은 노린재 무리는 잠자리 애벌레나 작은 물고기를 잡아서 즙을 빨아 먹는다. 물방개는 살아 있는 벌레를 잡아먹기도 하고 죽은 벌레나 물고기를 큰턱으로 뜯어 먹는다. 같은 딱정벌레 무리지만 물땡땡이는 물풀이나 썩은 풀을 뜯어 먹는다.

밀잠자리

소금쟁이

물맴이

늪이나 못에서 가장 쉽게 눈에 띄는 것이 소금쟁이다. 소금쟁이는 우리나라 어디서나 볼 수 있는데 물 위를 미끄러지듯이 걸어 다닌다. 여러 마리가 물 위에서 쉴 새 없이 동그라미를 그리면서 뱅글뱅글 맴을 도는 작은 곤충이 있다. 물맴이다. 물자라 수컷은 암컷이 낳은 알을 등에 붙이고 헤엄쳐 다닌다.

물가에는 잠자리가 많다. 왕잠자리는 늪이나 못 언저리를 빙글빙글 돌면서 다른 수컷이 자기 영역에 들어오지 못하도록 살핀다. 물풀 줄기에는 실잠자리가 쉬고 있다. 잠자리 애벌레는 모두 물 밑바닥에서 사는데 잠자리와 생김새가 아주 다르다.

농약을 치며 농사를 짓기 전에는 논이나 시냇물에 물방개나 물장군 같은 곤충이 무척 흔했다. 날이 갈수록 물이 더러워지면서 물에 사는 곤충이 줄어들어 옛날에는 참 흔했던 곤충들이 요즘에는 아주 귀해졌다.

잠자리 허물

산과 들에 사는 곤충

하루살이목
잠자리목
바퀴목
사마귀목
집게벌레목
메뚜기목
대벌레목
이목
노린재목
매미목
풀잠자리목
딱정벌레목
벌목
날도래목
나비목
파리목
벼룩목

하루살이

참납작하루살이 *Ecdyonurus dracon* 수컷
1997년 4월 경기도 남양주

하루살이는 하루만 산다고 해서 붙은 이름이다. 하지만 실제로는 이삼 일쯤 살고 열흘까지 사는 것도 있다. 하루살이는 낮에는 물가나 풀숲에서 있다가 해가 질 무렵에 강가나 호숫가에서 무리를 지어 날아다닌다.

하루살이는 알이나 애벌레 때에는 물속에서 살다가 어른벌레가 되면 물 밖으로 나온다. 애벌레는 물속에 떨어진 썩은 나뭇조각이나 물풀을 먹고 산다. 애벌레가 맑은 물에서 사는 하루살이도 있고 더러운 물에서 사는 하루살이도 있다. 그래서 어떤 하루살이 애벌레가 사는지를 보고, 물이 깨끗한지 더러운지 가늠할 수 있다.

산골짜기의 깨끗한 물에서는 '납작하루살이', '피라미하루살이'가 살고, 강 중류나 하류에는 '강하루살이', '동양하루살이', '알락하루살이'가 산다. 고여 있는 더러운 물에는 '꼬마하루살이'와 '등딱지하루살이'가 산다.

한살이 [알−애벌레−어른벌레]
어른벌레는 보통 2~3일쯤 사는데 아무것도 먹지 않고 짝짓기를 하고 죽는다. 짝짓기를 한 암컷은 물속에 여러 번 알을 낳는다. 알은 10~20일쯤 지나 애벌레가 된다. 애벌레는 2~4개월, 길게는 2~3년을 살고 허물을 벗으며 자란다. 애벌레로 겨울을 나는 것도 있고, 알로 나는 것도 있다.

참납작하루살이는 몸길이가 12~14mm이다.
넓적다리마디에 검은 밤색 띠무늬가 있다.
수컷은 암컷보다 눈이 훨씬 크고 앞으로 나와 있다.

실잠자리

가는실잠자리 *Indolestes peregrinus*
1999년 10월 서울 노원구 불암산

아시아실잠자리 *Ischnura asiatica* 수컷
1998년 8월 경기도 남양주

실잠자리는 이른 봄부터 가을까지 흔하게 볼 수 있다. 몸이 실같이 가늘고 길다. 날개를 펴고 앉는 잠자리와 달리 실잠자리는 날개를 접어 몸에 붙이고 앉는다. 날개가 아주 얇아서 잘 보이지 않는 데다가 배 끝이 새파래서 언뜻 보면 배 끝만 보인다.

실잠자리는 벼나 억새 같은 풀 사이를 낮게 날아다닌다. 날개 힘이 약해서 물 위에 떠 있는 풀잎이나 나뭇가지에 앉아 있는 일이 많다. 바람이 불면 물 위에 뜬 채로 물결에 이리저리 밀려다니기도 한다.

실잠자리는 논이나 도랑, 작은 연못이나 저수지에 알을 낳는다. 물 위에 떨어뜨려 놓거나 물풀 줄기에 붙여 놓는다. 실잠자리는 애벌레도 몸이 가늘다. 애벌레로 지내는 동안 물속에 살면서 물벼룩 같은 작은 물벌레를 잡아먹는다. 막 어른벌레가 되었을 때에는 태어난 곳을 벗어나지 않지만 좀 지나면 멀리 날아가기도 한다. 어른벌레는 하루살이나 날파리 같은 작은 날벌레들을 먹고 산다.

한살이 [알-애벌레-어른벌레]

한 해에 네다섯 번 발생한다. 물속에서 애벌레로 겨울을 난다. 알을 낳은 지 한 달 남짓 지나면 애벌레가 나온다. 물이 따뜻할 때 애벌레가 더 빨리 깨어난다. 애벌레는 10~15번 허물을 벗고 번데기를 거치지 않고 어른벌레가 된다. 애벌레는 날개돋이할 때가 되면 물 밖으로 나와 풀 줄기에 붙어서 마지막으로 허물을 벗고 어른벌레가 된다.

아시아실잠자리는 배 길이가 20~24mm, 뒷날개 길이가 18~22mm이다. 겹눈은 꽤 작고 반달 모양이다. 봄에 나타나는 것이 여름에 나타나는 것보다 몸집이 크다. 알은 아주 작고 쌀알 모양이다.

가는실잠자리는 배 길이가 28~32mm, 뒷날개 길이가 19~21mm쯤이다. 몸은 밤색이고 배 끝이 조금 더 짙다. 낮은 산이나 갈대가 많은 연못에 많다.

검은물잠자리

검은물잠자리 *Atrocalopteryx atrata* 수컷
1996년 7월 경기도 남양주 천마산

검은물잠자리는 온몸이 검은색이다. 날개도 검은데 햇빛을 받으면 검푸른빛이 나면서 번쩍인다. 물살이 느리고 물풀이 많은 물가를 좋아한다. 물가에 있는 풀 사이를 천천히 날갯짓하면서 날아다닌다. 수풀 사이에서도 검정색이라서 눈에 잘 띈다. 수컷은 앉아 있을 때 다른 수컷이 다가오면 날개를 폈다 접었다 하면서 가까이 오지 못하게 한다. 검은물잠자리는 수컷끼리 서로 쫓아다니는 일이 많다. 그 모습이 정답게 노는 것처럼 보이지만 실은 서로 쫓아내는 것이다.

　암컷은 물풀이 많은 곳에 알을 낳는다. 물속 줄기에다 알을 낳는데 몸을 물에 담근 채 알을 낳기도 한다. 애벌레 때는 물속에서 살다가 물 밖으로 나와 어른벌레가 된다. 검은물잠자리는 늘 자기가 태어난 곳 가까이에서 산다. 5월쯤부터 10월 초까지 볼 수 있고 따뜻한 남쪽 지방에 더 많이 산다.

한살이 [알-애벌레-어른벌레]

한 해에 두세 번 발생한다. 물속에서 애벌레로 겨울을 난다. 알을 낳은 지 한 달쯤 지나면 애벌레가 깨어 나온다. 애벌레는 10~15번 허물을 벗고 어른벌레가 된다. 어른벌레는 겨울이 오기 전에 알을 낳고 죽는다.

검은물잠자리는 배 길이가 45~51mm, 뒷날개 길이가 35~44mm이다. 겹눈은 동그랗게 튀어나와 보인다. 날개와 몸은 검고 푸른 광택이 난다.

노란측범잠자리

노란측범잠자리 *Lamelligomphus ringens* 수컷
1996년 8월 경기도 남양주

물속에서 나와 날개돋이를 하는 측범잠자리

노란측범잠자리는 가슴부터 배 끝까지 검은 줄과 노란 줄무늬가 뚜렷하다. 겹눈은 파랗고 툭 불거져 나왔다. 몸집은 왕잠자리보다 조금 작고 배는 가느다랗다. '갈구리측범잠자리'라고도 한다.

노란측범잠자리는 골짜기를 따라 날아다니다가 골짜기로 뻗어 있는 나무줄기에 잘 내려앉는다. 깨끗한 물 가까이에서 즐겨 살고 6월에서 9월 사이에 나타난다. 암컷은 알 낳을 때가 되면 물살이 느린 골짜기나 강으로 날아와서 배 끝으로 물을 치면서 알을 낳는다. 애벌레는 물속에서 산다. 날개돋이를 한 어른벌레는 자란 곳에서 꽤 먼 산꼭대기까지 날아가서 작은 날벌레를 잡아먹고 산다.

한살이 [알-애벌레-어른벌레]
한 해에 한 번 발생한다. 물속에서 애벌레로 겨울을 난다. 알을 낳은 지 한 달쯤 되면 애벌레가 깨어 나온다. 애벌레는 허물벗기를 10~15번 한 뒤 번데기를 거치지 않고 어른벌레가 된다.

노란측범잠자리는 배 길이가 40~46mm, 뒷날개 길이가 32~35mm이다. 겹눈은 파란빛이 돈다. 가슴과 배에는 노란색과 검은색 줄무늬가 뚜렷하다. 배는 가는데 첫째와 둘째 마디만 굵다. 더듬이가 실 모양이고 매우 짧다. 날개는 암컷과 수컷 모두 투명하다. 수컷은 배 끝이 갈고리같이 생겼다.

왕잠자리

먹줄왕잠자리 *Anax nigrofasciatus* 수컷
2000년 6월 경기도 의정부

왕잠자리 알과 알에서 막 깨어난 애벌레
2000년 8월 경기도 남양주

왕잠자리 *Anax parthenope* 애벌레
1995년 9월 경기도 파주

왕잠자리는 날개와 몸집이 크고 높이 난다. 빠르게 잘 날고 눈도 좋아서 날파리, 파리, 모기, 하루살이 같은 작은 날벌레를 잘 잡는다. 먹이를 보면 가만히 노려보다가 잔가시가 많이 나 있는 긴 다리로 잽싸게 낚아채서 움켜쥐고 씹어 먹는다. 들이나 야트막한 언덕에 있는 저수지나 연못에 많다. 보통 저녁 무렵에 날아다니고, 5월에서 10월 사이에 어디서나 많이 볼 수 있다.

왕잠자리 수컷은 물가를 빙빙 돌면서 다른 수컷들이 다가오려고 하면 쫓아낸다. 암컷이 날아오면 짝짓기를 하는데 암컷과 수컷이 함께 나무나 풀 위에 내려앉아 물속에 알을 낳는다.

왕잠자리는 애벌레도 몸집이 크다. 잠자리 애벌레는 물속에 사는데 '수채'나 '학배기'라고 한다. 왕잠자리 애벌레는 아가미가 똥구멍 안에 있다. 똥구멍으로 물을 빨아들이고 내뿜으면서 숨을 쉰다. 똥구멍에서 물을 내뿜는 힘으로 앞으로 나아간다. 애벌레는 물속에서 올챙이와 작은 물고기를 잡아먹는다. 물풀 뿌리 둘레에 붙어서 살거나 밑바닥에 쌓인 흙속에 있어서 눈에 잘 띄지 않는다.

한살이 [알-애벌레-어른벌레]

알에서 어른벌레가 되는 데 2~5년이 걸린다. 물속에서 애벌레로 겨울을 난다. 애벌레는 여러 번 허물을 벗으면서 자란다. 번데기를 거치지 않고 어른벌레가 된다. 애벌레는 다 자라면 물 위로 올라와서 마지막으로 허물을 벗고 날개돋이를 한다.

먹줄왕잠자리는 배 길이가 45~52mm, 뒷날개 길이가 44~49mm이다. 그늘진 곳을 좋아한다. 배가 검기 때문에 '검은줄은잠자리'라고도 한다. 이른 봄에만 나타난다. 머리에 'ㅜ' 무늬가 있다. 겹눈은 서로 붙어 있다.

밀잠자리

밀잠자리 *Orthetrum albistylum* 수컷
2000년 9월 경기도 의정부

밀잠자리는 논이나 저수지나 웅덩이처럼 고여 있는 물 가까이에서 산다. 봄부터 가을까지 날아다닌다. 다 자란 수컷은 배 끝 쪽이 검고 가슴과 배는 하얗다. 배가 까맣고 누런 밤색이나 붉은색 무늬가 있는 것은 암컷이다. 수컷을 '쌀잠자리'라고 하고 암컷을 '보리잠자리'라고도 한다.

밀잠자리는 날개돋이를 하고 나면 태어난 곳에서 멀리 떨어진 산이나 들판, 마을 가까이로 날아간다. 그러다가 알을 낳을 때가 되면 물가로 되돌아온다. 수컷은 물가에서 짧은 거리를 날아 자리를 옮기기도 하고 나뭇가지나 흙 위에 앉기도 한다. 이때 자기가 사는 곳에 다른 수컷이 들어오지 못하도록 머리를 양옆으로 기웃거리며 날개를 쫙 펴고 앞쪽으로 밀면서 잔뜩 긴장하고 앉는다. 그러다가 암컷이 지나가면 날쌔게 따라가 짝짓기를 한다. 짝짓기를 한 암컷은 꼬리로 물을 탁탁 치면서 알을 낳는다. 수컷은 암컷이 알을 낳고 있을 때 다른 수컷이 다가오지 못하도록 암컷 가까이에서 지킨다.

한살이 [알-애벌레-어른벌레]
한 해에 두세 번 발생한다. 물속에서 애벌레로 겨울을 난다. 알을 낳고 한 달 남짓 지나면 애벌레가 나온다. 애벌레는 여러 번 허물을 벗으면서 서너 달 동안 자라 어른벌레가 된다. 물 위로 올라와서 마지막으로 허물을 벗고 날개돋이를 한다.

밀잠자리는 배 길이가 34~40mm, 뒷날개 길이가
38~42mm이다. 두 눈 사이는 누런 밤색이다.
수컷은 가슴과 배가 파르스름하고 암컷은 불그스름하다.
수컷은 배가 흰 가루가 덮인 것처럼 하얗고 배 끝만 검다.
암컷도 수컷처럼 배가 흰색일 때도 있지만 드물고 대개
붉은빛이 난다.

고추잠자리

고추잠자리 *Crocothemis servilia mariannae* 수컷
2000년 8월 경기도 포천

두점박이좀잠자리 *Sympetrum eroticum* 수컷
1999년 9월 경기도 의정부

고추잠자리는 빨갛게 잘 익은 고추처럼 온몸이 붉다. 흔히 여러 마리가 함께 날아다닌다. 5월에서 10월까지 우리나라 어디서든 볼 수 있다. 그중에서도 고추를 따서 말리는 가을에 눈에 많이 띈다. 사람들은 보통 '고추잠자리'와 '두점박이좀잠자리'처럼 몸이 빨간 잠자리를 모두 고추잠자리라고 말한다.

고추잠자리는 날개 힘이 약해서 낮게 날아다닌다. 낮은 나뭇가지 끝이나 풀잎 위에 앉았다 날기를 되풀이한다. 한 번 날아오르면 공중에서 머물렀다가 내려앉기를 여러 번 하기도 한다. 고추잠자리 애벌레는 골짜기나 웅덩이 속에서 산다. 어른벌레가 되면 들이나 산으로 날아가 날벌레를 먹고 산다. 그러다 다시 잔잔한 물가로 와서 짝짓기를 하고 알을 낳는다.

한살이 [알-애벌레-어른벌레]
한 해에 네다섯 번 발생한다. 알로 겨울을 나고 봄에 애벌레가 깨어난다. 애벌레는 열 번 남짓 허물을 벗고 나서 번데기를 거치지 않고 어른벌레가 된다. 다 자란 애벌레는 물 밖으로 나와서 풀 줄기에 붙어서 마지막으로 허물을 벗고 날개돋이를 한다. 어른벌레는 겨울이 오기 전에 알을 낳고 죽는다.

고추잠자리는 배 길이가 28~32mm, 뒷날개 길이가 33~36mm이다. 가슴과 배가 빨갛고 몸 쪽 날개도 붉은빛이 돈다. 물속에서 애벌레로 겨울을 난다.

두점박이좀잠자리는 배 길이가 25~29mm, 뒷날개 길이가 25~30mm이다. 가슴과 배가 누렇거나 붉은 밤색이다. 봄부터 가을까지 날아다니는데 여름과 가을에 많다. 넓게 트인 물웅덩이 근처에 많다. 알로 겨울을 난다.

바퀴

독일바퀴 *Blattella germanica*
1997년 7월 전북 부안

알주머니에서 깨어나는 애벌레

바퀴는 집에서 흔히 볼 수 있다. 음식 찌꺼기나 비누, 종이, 풀 따위를 가리지 않고 다 먹는다. 부엌처럼 먹이가 많은 곳이나 변소같이 어둡고 축축한 곳에 많다. 낮에는 좁은 틈새에 숨어 있다가 밤이 되면 먹이를 찾아서 밖으로 나온다. 몸을 납작하게 할 수 있어서 조그만 틈에도 잘 들어간다. 여러 마리가 모여 살고 번식력도 강해서 암컷 한 마리만 있어도 금세 몇백 마리로 늘어난다.

바퀴는 지저분한 곳과 음식물 사이를 왔다 갔다 하면서 식중독 같은 병을 옮기기도 한다. 그래서 사람들이 잡으려고 하지만 하도 재빠르게 달아나서 잡기가 무척 힘들다. 아주 작은 떨림도 쉽게 알아차려서 도망가고, 다리와 발톱이 튼튼해서 벽이나 천장에서도 떨어지지 않고 잘 기어다닌다. 날개는 있지만 잘 날지 않는다. 바퀴는 본디 더운 열대 지방에서만 살았는데, 교통이 발달하면서 온 세계로 퍼졌다. 바퀴를 없애려면 바퀴가 들어가서 살 만한 틈새는 막고, 음식 쓰레기를 집 안에 오래 두지 않는 것이 좋다. 바퀴는 추운 곳에서는 못 사니까 겨울에 난방을 덜 하는 것이 좋다.

한살이 [알-애벌레-어른벌레]

한 해에 여러 번 발생한다. 암컷은 사는 동안 네 번에서 여덟 번 알을 낳는다. 알주머니 속에 알을 낳아서 꼬리에 달고 다니거나 어둡고 눅눅한 곳에 붙여 놓는다. 알주머니에는 알이 30~40개쯤 들어 있다. 3주쯤 지나면 애벌레가 나온다. 애벌레는 한두 달 동안 예닐곱 번 허물을 벗고 어른벌레가 된다. 어른벌레로 100~200일쯤 산다.

독일바퀴는 몸이 누르스름한 밤색이다. 앞가슴에 검은 줄무늬가 두 줄 있다. 몸길이는 10~15mm이다. 더듬이는 실처럼 가늘고 길며 마디가 많다. 다리는 가늘고 길며 가시와 털이 나 있다. 알주머니는 누런 밤색인데 길쭉한 둥근 통처럼 생겼다.

사마귀

왕사마귀 *Tenodera sinensis*
1996년 10월 경기도 남양주

왕사마귀 알집
1995년 11월 경기도 고양

좀사마귀 *Statilia maculata*
1999년 9월 경기도 남양주

사마귀는 산길이나 밭이나 집 둘레의 풀섶에 살면서 살아 있는 벌레를 잡아먹는다. 앞다리가 길고 낫처럼 구부러진 데다가 톱니가 있어서 벌레를 잡기 좋다. 풀 사이에 숨어 있다가 먹이가 나타나면 앞다리를 뻗어 재빠르게 낚아챈다. 어릴 때는 진딧물이나 개미 같은 작은 벌레를 잡아먹다가 자라면 벌, 파리, 나비, 잠자리같이 큰 것을 잡아먹는다. 다 자란 사마귀는 작은 개구리까지도 먹을 수 있다.

사마귀는 가을에 짝짓기를 하고 나서 풀 줄기나 나뭇가지나 돌 틈이나 바위 밑에 알을 낳는다. 배 끝에서 흰 거품을 뿜어 알집을 만들고 그 속에 낳는다. 알집은 공기와 섞여 있어서 탄력이 있고 따뜻하다. 사마귀 종류마다 알집이 다르게 생겼다. '좀사마귀' 알집은 주름이 있고 길쭉하고 양쪽 끝이 뾰족하다. '왕사마귀' 알집은 둥글고 볼록하며, '사마귀' 알집은 길쭉하고 네모나다.

이듬해 봄에 알집에서 애벌레가 깨어난다. 애벌레는 여러 차례 허물을 벗으면서 자란다. 늦여름에 마지막 허물을 벗으면 날개가 생기고 어른벌레가 된다.

한살이 [알-애벌레-어른벌레]
한 해에 한 번 발생한다. 알집 속에서 알로 겨울을 난다. 봄에 애벌레가 깨어난다. 애벌레는 어른벌레와 닮았고 날개가 없다. 예닐곱 번 허물을 벗으면서 몸길이가 열 배 넘게 자란다. 짝짓기를 하고 3주 뒤에 알을 낳는다. 두세 군데에 200개 남짓 낳는다. 암컷은 알을 낳고 나면 얼마 안 있어 죽는다.

왕사마귀는 몸길이가 70~80mm이다. 색깔은 풀색도 있고
옅은 밤색도 있다. 머리는 세모나고 큰 턱이 있어 먹이를
씹기에 알맞다. 등이 길고 날개 네 장이 납작하게 접혀 있다.
뒷날개에 보랏빛이 도는 밤색 얼룩무늬가 있다. 앞다리는
보통 때는 접혀 있는데 날카로운 톱니가 있다.

좀사마귀는 몸길이가 45~65mm이다.
머리가 옆으로 길고, 몸통이 가늘다. 뒷날개를 펴면 짙은
밤색 얼룩무늬가 있다.

집게벌레

고마로브집게벌레 *Timomenus komarowi* 수컷
1996년 10월 경기도 남양주

알을 지키는 고마로브집게벌레 암컷

집게벌레는 배 끝에 긴 집게가 달려 있다. 집게는 종마다 다르게 생겼고 덤비는 적을 쫓거나 짝짓기를 할 때 쓴다. 집게벌레는 대개 밤에 돌아다니고 낮에는 돌 밑이나 흙속, 나무껍질 속에 숨어 있다. 몸이 작은 데다가 길고 가늘어서 틈바구니에 잘 숨는다. 사람이 손으로 잡으면 시큼하고 고약한 냄새를 풍긴다. 집게벌레는 진딧물이나 깍지벌레 같은 작은 벌레들을 잡아먹고, 식물의 새순이나 꽃가루도 먹는다. 집 근처에 사는 것들은 바퀴처럼 쓰레기 같은 것도 먹는다. 짝짓기를 마친 암컷은 땅속이나 돌 밑이나 나뭇잎에 방을 만들고 알을 낳는다. 애벌레가 깨어날 때까지 늘 옆에서 알을 돌본다.

'고마로브집게벌레'는 집게가 잘 휘고 우리나라에 사는 집게벌레 가운데 집게가 가장 길다. 적이 덤비면 전갈처럼 집게를 위로 들어올린다. 고마로브집게벌레는 다른 집게벌레와 달리 낮에 돌아다닌다. 나뭇잎을 붙여 방을 만들고 알을 낳는다. '고마로브'는 러시아의 이름난 식물학자 이름이다. 집게벌레를 처음 발견한 사람은 아니지만 학문에서 쌓은 업적이 높아 이를 기리기 위해 고마로브라는 이름이 학명이 되었고 우리말 이름에서도 그대로 따랐다. 북한에서는 '검정다리가위벌레'라 한다.

고마로브집게벌레 한살이 [알-애벌레-어른벌레]

어른벌레는 4~11월 동안 내내 볼 수 있다. 어른벌레로 겨울을 나는데 썩은 나무 틈이나 돌, 바위 밑에서 죽은 듯이 가만히 지낸다. 알은 보름쯤 지나서 애벌레가 된다.

고마로브집게벌레는 몸길이가 15~22mm이다. 몸 색깔은 짙은 밤색이며 윤이 난다. 앞날개는 붉은 밤색이다. 머리는 오각형이며 실처럼 생긴 더듬이가 한 쌍 있다. 짧은 앞날개가 몸을 절반쯤 덮는다. 수컷의 집게는 끝이 활처럼 휘고 돌기가 많고, 암컷은 밋밋하다.

여치

여치 *Gampsocleis sedakovii obscura* 수컷
1997년 6월 경북 예천

여치는 여치 무리 중에서 몸이 유난히 크고 뚱뚱하다. 앞날개에 검은 점무늬가 뚜렷하게 있다. 햇볕이 잘 내리쬐는 산길 근처 덤불에 많이 산다. 수컷은 왼쪽 앞날개 아랫면에 까끌까끌하게 돋은 마찰판이 있다. 이곳에 오른쪽 앞날개의 가장자리를 부딪쳐서 소리를 낸다. 또 오른쪽 날개에는 넓은 울림판이 있어서 이 소리를 더 크게 울리게 한다. 여름철 낮에 칡덩굴이나 나무딸기 같은 덤불 사이에 숨어서 "칫 찌르르 칫 찌르르" 하고 줄곧 운다.

여치는 덤불 속 풀 중간쯤에 잘 붙어 있는데, 발바닥에 빨판이 있어서 풀이 흔들려도 떨어지지 않는다. 수컷은 가시덤불 하나를 자기 집으로 삼고 잘 나가지 않는다. 수컷이 내는 소리를 듣고 암컷이 찾아온다. 소리가 클수록 암컷이 잘 찾아온다. 여치 애벌레는 어른벌레와 닮았고, 아무 풀이나 잘 먹고 꽃가루도 먹는다. 어른벌레가 되면 가시가 돋은 다리로 나방 애벌레나 메뚜기나 베짱이를 잡아서 먹는다.

한살이 [알-애벌레-어른벌레]

한 해에 한 번 발생한다. 6~8월에 어른벌레가 나타난다. 수컷은 짝짓기를 할 때 암컷의 배 끝에 커다랗고 말랑말랑한 정자주머니를 붙인다. 암컷이 이것을 먹어 치우는 동안 수정된다. 암컷은 튼튼한 산란관으로 땅속이나 식물의 뿌리 가까이에 알을 낳는다. 하나씩 낱개로 30~40개쯤 낳는다. 알은 땅속에서 여덟 달쯤 보낸다. 알에서 깨어난 애벌레는 예닐곱 번 허물을 벗고 나서 어른벌레가 된다.

여치는 몸길이가 33~45mm이다. 몸 빛깔은 풀색이고
사는 곳이나 철에 따라 밤색으로 바뀌기도 한다. 검은 밤색인
것도 있다. 더듬이는 누런 밤색이다. 앞날개 길이는
배 끝을 겨우 덮을 만큼이고 날개 끝은 조금 뾰족하다.
앞날개는 짙은 풀색인데 검은 점무늬가 있다.
암컷은 산란관이 아래로 굽어 있고 짙은 밤색이며 튼튼하다.

왕귀뚜라미

왕귀뚜라미 *Teleogryllus emma* 수컷
1996년 8월 서울 중랑구 망우산

왕귀뚜라미는 가을 밤에 풀섶이나 집 둘레에서 "뜨으르르르" 하고 운다. 앞날개 두 장을 서로 비벼서 소리를 낸다. 소리는 수컷만 내는데 암컷을 불러 짝짓기를 하려는 것이다. 다른 수컷이 가까이 오지 못하게 하려는 것이기도 하다. 암컷은 앞다리에 있는 귀로 소리를 듣고 수컷을 찾아간다.

왕귀뚜라미는 머리가 둥글고 단단하다. 몸은 납작하게 생겼다. 뒷다리는 앞다리와 가운뎃다리보다 아주 크다. 위험이 닥치면 뒷다리 힘으로 팔짝팔짝 뛰어서 달아난다.

왕귀뚜라미는 깨끗한 곳 더러운 곳 가리지 않고 잘 산다. 돌담, 장독대 밑, 풀숲이나 논밭, 집 둘레, 도시에 있는 공원에서도 산다. 돌이나 풀 근처를 기어다니면서 풀이나 죽은 벌레를 먹는다.

한살이 [알-애벌레-어른벌레]

한 해에 한 번 발생한다. 알로 땅속에서 겨울을 지내고 6월쯤에 애벌레가 나온다. 애벌레는 예닐곱 번 허물을 벗은 다음 8월에 어른벌레가 된다. 어른벌레는 9~10월에 짝짓기를 하고 10월 중순께 알을 낳는다. 암컷은 꽁무니에 있는 긴 산란관을 흙속에 15mm쯤 꽂고 알을 하나씩 300개쯤 낳는다. 알을 낳은 귀뚜라미는 겨울이 오기 전에 죽는다.

왕귀뚜라미는 몸길이가 20~26mm다. 빛깔은 밤색 또는 검은 밤색이며 광택이 있다. 머리는 둥글고, 더듬이가 길다. 더듬이와 눈 위쪽으로 하얀 띠무늬가 있다. 배 끝에 꼬리털이 두 개 있으면 수컷이고, 꼬리털 두 개 사이에 산란관이 있으면 암컷이다.

땅강아지

땅강아지 | *Gryllotalpa orientalis*
1996년 5월 경기도 남양주

땅속에 굴을 파는 땅강아지

땅강아지는 땅속에서 굴을 파고 다니고, 알도 땅속에 낳는다. 메마른 땅보다는 눅눅하고 부드러운 땅에 많이 모여든다. 땅강아지가 많이 다니는 곳은 흙이 팔고 물처럼 부슬부슬해진다. 그런 곳을 파 보면 새끼도 많다. 땅강아지는 앞다리가 짧고 납작한 데다가 갈퀴처럼 생겨서 굴을 잘 판다. 빠르게 기어다니고, 물에서 헤엄도 잘 친다. 여름밤이면 밭두렁 같은 곳에서 "츠리이이이 츠리이이이" 하고 잇따라 길게 운다. 긴 뒷날개로 날기도 하는데 밤에 불빛을 보고 날아들기도 한다.

땅강아지는 채소와 곡식, 과일나무 뿌리를 갉아 먹는 해충이다. 어른벌레와 애벌레 모두 땅속을 파고 다니면서 옥수수, 벼, 보리, 고추, 감자, 배추 뿌리를 갉아 먹는다. 땅속에서 자라는 인삼이나 땅콩은 피해가 크다. 땅강아지가 다니면 채소 뿌리가 들떠서 시들다가 점점 말라 죽고, 씨앗은 뿌리를 내리지 못한다. 논둑에 구멍을 내서 논물이 새기도 한다. 5~6월과 9~10월에 피해가 많다. 서울과 같은 큰 도시에서는 보기 힘들어졌지만 농촌에서는 아직도 흔히 볼 수 있다.

한살이 [알-애벌레-어른벌레]

한 해에 한 번 발생한다. 어른벌레나 애벌레로 땅속에서 겨울을 난다. 3월 말부터 땅속으로 다니면서 곡식과 채소의 뿌리와 땅속 줄기를 갉아 먹는다. 애벌레는 5월 초쯤에 어른벌레가 되고 5~7월에 땅속에 알을 낳는다. 암컷 한 마리는 알을 200~350개까지 낳는다. 알에서 갓 깨어난 애벌레들은 어른벌레가 날라다 주는 먹이를 먹는다. 처음에는 모여 살다가 한 번 허물을 벗은 다음에는 흩어져서 곡식과 채소의 뿌리를 먹는다.

땅강아지는 몸길이가 30mm쯤 된다. 빛깔은 밤색 또는 검은 밤색이다. 온몸에 가늘고 짧은 털이 빽빽이 나 있다. 앞날개는 노르스름한 밤색이고 배를 절반쯤 덮는다. 뒷날개는 반투명하고 배보다 길다. 배 끝에는 긴 꼬리털이 두 개 있다.

섬서구메뚜기

섬서구메뚜기 *Atractomorpha lata* 암컷
1998년 9월 경기도 남양주

짝짓기하는 섬서구메뚜기

섬서구메뚜기는 여름부터 가을 사이에 풀밭이나 논밭에서 자주 보인다. 방아깨비처럼 머리가 뾰족하지만 크기는 방아깨비보다 작다. 섬서구메뚜기는 수컷이 암컷보다 훨씬 작다. 수컷이 암컷 등에 올라타서 짝짓기하는 모습은 꼭 어미가 새끼를 업고 있는 것처럼 보인다.

보통 메뚜기는 벼나 억새풀 같은 벼과 식물을 잘 먹는다. 섬서구메뚜기는 들판에 자라는 풀과 나무, 논밭에서 기르는 채소나 곡식이나 과일을 가리지 않고 다 잘 먹는다. 잎만 먹는 것이 아니라 꽃이나 열매도 먹는다. 봉선화, 물오리나무, 우엉, 과꽃, 국화, 상추, 고구마, 배추, 무, 참외, 호박, 고추, 토마토, 감자, 당근, 들깨, 콩, 녹두, 팥, 목화, 무궁화, 뽕나무, 선인장, 참깨, 보리, 밭벼, 조, 옥수수, 메밀, 딸기, 쥐똥나무, 매실나무, 산딸기, 귤나무 들을 먹는다.

알에서 갓 깨어난 애벌레는 많이 먹지 않지만 다 자란 애벌레와 어른벌레는 많이 먹는다. 채소가 어릴 때는 작은 잎을 갉아 먹고 잎이 어느 정도 자라면 잎에 구멍을 내며 먹는다. 잎마다 구멍을 내고 옮겨 다녀서 채소 농사에 해를 끼친다. 수가 늘어나면 줄기만 남기고 잎을 다 먹어 치우기도 한다.

한살이 [알-애벌레-어른벌레]
한 해에 한 번 발생한다. 알로 겨울을 나고 5월 말에서 6월 초에 애벌레가 깨어나서 자란다.

섬서구메뚜기는 암컷이 수컷보다 크다.
몸길이가 암컷은 50mm, 수컷은 30mm쯤 된다.
옅은 풀색인데 밤색인 것도 있다. 몸이 짧고 굵다.
머리는 가늘고 뾰족하게 튀어나와 있다.
날개는 배 끝보다 훨씬 길다.

벼메뚜기

볏잎을 갉아 먹는 벼메뚜기

벼메뚜기 *Oxya chinensis sinuosa*
1998년 9월 경기도 남양주

벼메뚜기는 벼를 기르는 논이나 풀섶에 산다. 여름부터 가을 사이에 갈대가 우거진 냇가나 억새가 우거진 산길에서 볼 수 있다. 푸르던 벼가 가을에 누렇게 익어 가면 벼메뚜기도 몸 빛깔을 풀색에서 누런색으로 바꾼다. 군것질거리가 적었던 옛날에는 메뚜기를 잡아다가 구워 먹었다. 아이들도 좋아하지만 어른들도 잘 먹었다.

벼메뚜기는 벼나 옥수수, 수수 잎을 갉아 먹는다. 떼로 늘어나면 농작물에 큰 해를 입힌다. 날개가 미처 자라지 않은 애벌레도 봄부터 논에서 볏잎을 갉아 먹는다. 어른벌레가 되면 늦여름부터 가을 사이에 볏잎과 이삭 목을 갉아 먹는다. 요즘은 농약을 써서 논에 가도 벼메뚜기를 보기가 어렵다. 농약을 뿌리지 않은 논이나 물기가 많은 풀밭에 가야 볼 수 있다.

아프리카에 사는 메뚜기들은 수억 마리가 떼를 지어 멀리 인도까지 날아간다. 바람을 타고 하루에 30~40km에서 100km를 간다. 어느 해에 갑자기 숫자가 늘어나는데 많게는 10억에서 100억 마리가 떼 지어 먹이를 찾아 옮겨 다닌다. 이 메뚜기 떼가 잠시 묵어 가는 곳은 채소나 곡식은 물론이고 풀잎 하나도 남지 않는다. 중국도 메뚜기 떼에게 자주 해를 입었다.

한살이 [알-애벌레-어른벌레]
한 해에 한 번 발생한다. 땅속에서 알로 겨울을 난다. 애벌레는 5월이나 6월에 나타나 볏잎을 갉아 먹고 자란다. 60~70일이 지나면 어른벌레가 된다. 어른벌레는 8~9월에 나타난다. 짝짓기를 한 뒤에 암컷은 배 끝을 길게 뽑아 땅에 묻고 거품에 싸인 알을 100개쯤 낳는다.

벼메뚜기는 몸길이가 35~45mm이다. 몸은 누런 풀색이며 눈 뒤에서 가슴과 날개가 만나는 부분까지 양쪽으로 검은 띠무늬가 있다. 앞날개는 배보다 조금 더 길다. 암컷이 수컷보다 크다. 암컷은 꽁무니가 갈라져 있는데 수컷은 갈라져 있지 않고 위로 들려 있다.

방아깨비

방아깨비 | *Acrida cinerea* 암컷
1997년 8월 경기도 의정부

땅속에 알을 낳는 방아깨비

방아깨비는 우리나라에 사는 메뚜기 무리 가운데 몸길이가 가장 길다. 머리는 아주 뾰족하고 앞으로 길게 튀어나왔다. 방아깨비 뒷다리 두 개를 잡고 몸을 건드리면 곡식을 찧는 방아처럼 아래위로 몸을 꺼떡꺼떡한다. 그래서 '방아깨비'라고 한다. 암컷은 몸집이 수컷보다 훨씬 크다. 수컷은 낮에 소리를 내며 여기저기 날아다닌다. 날 때에 앞날개와 뒷날개를 서로 부딪쳐 "타타타" 하는 소리를 내서 '따닥깨비'라고도 한다. 수컷은 소리를 내서 암컷에게 자기가 있는 곳을 알린다. 암컷은 수컷보다 몸이 크고 무거워서 잘 날지 못한다. 짝짓기할 때는 몸집이 작은 수컷이 암컷 등에 올라탄다.

논밭이나 공원의 잔디밭에서 살며 잔디, 억새, 벼, 수수 따위를 먹는다. 몸 색깔이 풀빛이고 생김새도 풀과 비슷해서 눈에 잘 띄지 않는다. 우리나라 어디서나 아주 흔히 볼 수 있다. 굽거나 튀겨서 먹기도 하였다.

한살이 [알-애벌레-어른벌레]
한 해에 한 번 발생한다. 어른벌레는 7~10월에 나타난다. 암컷은 배 끝에 손톱처럼 단단한 산란관이 있다. 짝짓기를 한 뒤에 산란관으로 단단한 땅에 구멍을 파고, 구멍 속으로 배를 구부려 넣고 거품에 싸인 알 덩어리를 낳는다. 알로 겨울을 나고 이듬해 5~6월이 되면 알집에서 애벌레가 한꺼번에 깨어난다. 수컷은 여섯 번, 암컷은 일곱 번 허물을 벗고 어른벌레가 된다.

방아깨비 수컷은 몸길이가 40~50mm, 암컷은 70~80mm이다. 몸 빛깔은 풀색이 많고 밤색인 것도 있다. 가끔 붉은색도 있고 날개에 누르스름한 점무늬가 있는 것도 있다. 머리 꼭대기에 겹눈이 있고, 짧고 납작한 더듬이가 한 쌍 있다. 앞날개 끝은 풀 줄기처럼 뾰족하다. 뒷다리는 아주 좁고 가늘다. 알은 길쭉하며 주황색이고 8mm쯤 된다. 여러 개가 덩어리로 모여 있다. 애벌레는 어른벌레를 닮았는데, 길고 약하게 생겼지만 잘 뛴다.

콩중이

콩중이 *Gastrimargus marmoratus* 암컷
1997년 8월 경기도 의정부

콩중이는 다른 메뚜기에 견주어 몸도 크고 튼튼하게 생겼다. 콩중이 수컷은 암컷보다 훨씬 작은데 크기가 암컷의 절반쯤이다. 수컷은 이리저리 뛰고 날며 짝을 찾아다닌다. 날 때에 뒷날개에 있는 노란색과 검은 테두리가 눈에 띈다. 수컷은 날개 무늬로 암컷을 부른다. 날 때는 "다라라락" 하고 날개 부딪치는 소리가 난다. 아주 잘 날아서 가만히 있다가 갑자기 몸을 틀어 뒤로 날아가기도 한다. 큰 턱으로 벼나 잔디나 억새 따위를 씹어 먹는다. 이름과는 달리 콩은 잘 안 먹는다. 키가 큰 풀이 자라는 산길이나 무덤가, 버려진 산밭 자리에서 많이 산다.

메뚜기 무리는 바깥 온도에 따라 체온이 바뀐다. 몸이 차면 잘 움직이지 못한다. 한낮이 되어 따뜻해져야 몸도 따뜻해져서 활발하게 다닌다. 밤에는 풀숲 속에서 가만히 쉬다가 아침에 해가 뜨면 몸을 따뜻하게 하려고 풀 위로 올라간다. 아침이 되면 풀밭이나 땅바닥에서 가만히 햇볕을 쬐고 있는 메뚜기들을 볼 수 있다.

한살이 [알-애벌레-어른벌레]
한 해에 한 번 발생한다. 어른벌레는 7~11월에 나타난다. 짝짓기를 하고 나면 암컷은 땅속에 거품에 싸인 알을 덩어리로 낳는다. 알로 겨울을 나고 이듬해 4~5월에 애벌레가 깨어난다. 애벌레는 여섯 번 허물을 벗고 50~100일쯤 자라면 어른벌레가 된다.

콩중이는 몸길이가 35~65mm이다. 빛깔은 풀색이 많고 밤색도 있다. 앞가슴등판 가운데가 둥글게 높이 솟았고 앞뒤 가장자리도 뾰족하게 튀어나왔다. 위에서 보면 'x' 무늬가 끊어져 있다. 뒷다리의 종아리에 가시가 나 있고 붉은색을 띤다. 날개 끝은 둥그스름하다.

대벌레

대벌레 *Ramulus irregulariterdentatus*
2000년 7월 경기도 남양주 천마산

대벌레는 몸이 가느다랗고 마디가 져 있어서 작은 나뭇가지와 비슷하다. 느릿느릿 움직이는 것을 보면 막대기가 움직이는 것 같다. 몸 빛깔도 사는 곳에 따라 옅은 밤색, 짙은 밤색, 풀색으로 여러 가지다. 적이 나타나면 나뭇가지처럼 보이도록 가만히 있어서 금방 알아보기 어렵다. 또 놀라면 나무에서 떨어져 죽은 체한다. 다리를 길게 늘어뜨려서 몸에 붙이고 꼼짝하지 않는다. 애벌레 때 다리가 떨어져도 허물을 벗으면 다시 생겨난다.

애벌레와 어른벌레가 아까시나무, 참나무, 싸리나무, 피나무, 단풍나무 같은 넓은잎나무에서 잎을 갉아 먹는다. 어릴 때는 키가 낮은 떨기나무에서 잎을 먹고, 자라면서 키가 큰 나무로 옮겨간다. 6월 초에 애벌레가 다 자라면 나뭇잎을 심하게 갉아 먹어서 나무를 헐벗게 만든다.

옛날에는 대벌레가 있기는 해도 많지 않아서 나무에 큰 해가 되지는 않았다. 그러나 공기가 오염되어 기온이 높아지면서 빠르게 늘어나 지금은 나무가 우거진 산에 피해가 크다. 1990년대 중반 지나서 강원도, 충청북도, 경상북도에 아주 많이 퍼졌다.

한살이 [알-애벌레-어른벌레]
한 해에 한 번 발생한다. 알로 겨울을 나고 3월 말에서 4월 사이에 애벌레가 나온다. 애벌레는 6월에 어른벌레가 된다. 어른벌레는 11월 중순까지 산다. 어른벌레는 사는 동안 알을 600~700개쯤 띄엄띄엄 낳는다.

대벌레는 몸길이가 100mm쯤이다. 암컷은 사는 곳에 따라 몸 빛깔이 여러 가지다. 수컷은 몸이 아주 가늘고, 옅은 밤색이 난다. 가슴등 쪽에 뚜렷하지 않은 붉은 띠가 있다.

이

이 *Pediculus humanus*
1997년 7월

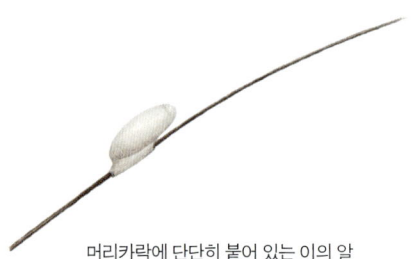

머리카락에 단단히 붙어 있는 이의 알

이는 사람 몸에 붙어살면서 피를 빨아 먹는다. 사람 몸에 사는 이에는 '몸이'와 '머릿니'가 있다. '몸이'는 옷 솔기 속에 살아서 '옷니'라고도 한다. '머릿니'는 머리카락에 붙어서 산다. 몸이가 머릿니보다 조금 크고 빛깔도 더 검다. 몸이 큰 것은 보리알만 하다. 이가 있으면 근질근질하고 가렵다. 처음에는 물려도 아프지 않고 상처가 크게 나지 않아서 이가 생긴 줄 모른다. 돼지나 말이나 개에도 이가 붙어산다. 동물에 붙어사는 이와 사람 몸에서 사는 이는 다른 종이다. 동물에 붙어서 사는 이는 사람에게 옮겨 오면 못 살고 죽는다.

이가 머리카락이나 옷 솔기에 까 놓은 하얀 알을 '서캐'라고 한다. '쌔기'라고 하는 곳도 있다. 몸이는 옷을 삶거나 다리미로 다리거나 아주 추운 곳에 한참 두면 죽는다. 머릿니를 없애려면 촘촘한 참빗으로 머리를 빗어서 잡아낸다. 옛날에는 이가 참 많았지만 이제는 찾아볼 수 없을 만큼 많이 줄어들었다. 그런데 요즘 들어서 학교나 유치원처럼 아이들이 많이 모이는 곳에서 머릿니가 다시 나타나고 있다. 우리나라뿐만 아니라 다른 나라에서도 머릿니가 늘고 있는데, 이가 새로운 환경에 적응하는 힘이 생겼기 때문이다.

한살이 [알-애벌레-어른벌레]
어른벌레는 한 달 남짓 살면서 알을 200~300개 낳는다. 일주일 뒤에 알에서 애벌레가 깨어난다. 애벌레는 일주일쯤 지나서 어른벌레가 되어 알을 낳는다.

이는 몸이 납작하고 날개가 없다. 더듬이는 아주 짧고 겹눈이 없다. 주둥이가 짧고 침처럼 생겼다. 다리는 털이나 옷감에 꼭 붙어 있기 알맞게 생겼다. 몸은 몸길이가 3mm가 조금 넘고, 머릿니는 3mm 안팎이다.

장구애비

장구애비 *Laccotrephes japonensis*
1995년 9월 경기도 파주

물고기를 잡아먹는 장구애비

장구애비는 저수지나 연못 가장자리나 논같이 얕은 물속에서 산다. 맑고 흐르는 물보다는 바닥에 가랑잎이나 나뭇가지가 쌓여 있는 고인 물에 많다. 몸이 납작하고 길쭉하게 생겼다. 생김새나 빛깔이 가랑잎 같아서 물풀이나 물속에 쌓인 나뭇잎 사이에 있으면 눈에 잘 띄지 않는다. 배 끝에 실처럼 길고 가느다란 대롱이 있는데 이곳으로 숨을 쉰다. 물 밖으로 나오지 않고 대롱 끝만 물 위로 내놓고 숨을 쉰다.

장구애비는 앞다리가 낫처럼 생겼고 가시가 나 있어서 살아 있는 물벌레나 어린 물고기나 올챙이를 잘 잡는다. 먹이를 찾아 헤엄쳐 다니기보다는 물풀 사이에 숨어 있다가 지나가는 먹이를 잡는다. 앞다리로 재빠르게 낚아채서 뾰족한 입을 찔러 넣고 즙을 빨아 먹는다. 헤엄치기보다는 물속 바닥에서 걷기를 잘 한다. 사는 곳을 옮길 때는 물 밖으로 나와 날개를 말린 뒤에 날기도 하고 밤에 불빛을 보고 날아들기도 한다. 장구애비는 축축한 이끼 위에 알을 낳는다.

한살이 [알-애벌레-어른벌레]
5월에 알을 낳는다. 알을 낳은 지 이 주일쯤 지나면 알에서 애벌레가 깨어난다. 알에서 깨어나 여러 번 허물을 벗고 어른벌레가 될 때까지 두세 달쯤 걸린다. 번데기를 거치지 않고 어른벌레가 된다. 어른벌레로 겨울을 난다.

장구애비는 몸길이가 30~38mm이다. 온몸이 잿빛이 도는 밤색이고 머리는 작다. 앞다리의 넓적다리마디가 굵고 가시가 나 있다. 겹눈은 윤이 나는 검은색이고 작고 둥글다. 머리는 작고 뭉툭하고 더듬이는 아주 짧다. 배 끝에 숨관이 한 쌍 있고 길이는 몸길이와 비슷하다.

게아재비

게아재비 *Ranatra chinensis*
1995년 9월 경기도 파주

올챙이를 잡아먹는 게아재비

게아재비가 물풀 사이에 낳아 놓은 알

게아재비는 장구애비처럼 물에 산다. 장구애비보다 몸이 더 가늘고 길다. 꼭 잘린 물풀이나 부러진 볏짚처럼 생겼다. 생김새나 먹이를 잡아먹는 품이 사마귀 같다고 '물사마귀'라고도 한다. 연못이나 웅덩이나 논에서 사는데 장구애비보다 조금 더 깊은 곳에 산다. 게아재비는 다리도 가늘고 길다. 헤엄을 잘 못 치고 긴 다리로 물속 바닥을 기어다닌다. 가운뎃다리와 뒷다리는 앞다리보다 가늘고 길며 헤엄칠 때 쓴다.

게아재비가 물풀 사이에 가만히 있으면 눈에 잘 띄지 않는다. 그러다가 먹이가 다가오면 낫처럼 생긴 날카로운 앞다리로 재빠르게 잡는다. 작은 물고기나 올챙이나 장구벌레같이 살아 있는 물벌레를 잡아서 침처럼 뾰족한 입을 찔러서 즙을 빨아 먹는다. 봄이 오면 물 밑 진흙속이나 썩은 나무 틈에 알을 낳는다.

한살이 [알-애벌레-어른벌레]
5월쯤에 알을 낳는다. 알에서 깨어나 어른벌레가 되기까지 두세 달쯤 걸린다. 번데기를 거치지 않고 어른벌레가 된다. 어른벌레로 겨울을 난다.

게아재비는 몸길이가 40~45mm쯤이다.
몸이 가늘고 길다. 몸빛이 누르스름하다. 배 끝에
숨관이 있는데 길이가 몸길이만큼 길다. 머리는 작고
눈은 동그랗고 검다.

물장군

물장군 *Lethocerus deyrolli*
1997년 7월

물장군이 나무줄기에 붙여 놓은 알

개구리를 잡아먹는 물장군

물장군은 물에 사는 곤충 가운데 가장 크고 힘이 세다. 그래서 '물장군'이라는 이름이 붙었다. 물장군은 다른 이름이 많다. 앞다리 힘이 세다고 '물찍게'라 하는 곳도 있고, 앞다리가 쇠뿔 같다고 '소'나 '물소'라고 하는 곳도 있다. 물벌레라는 뜻으로 '물강구'라고 하는 곳도 있다. 또 '물짱구', '뭉장군', '물장수'라고 하는 곳도 있다.

물장군은 물풀 줄기에 거꾸로 매달려서 가만히 있다가 물고기나 개구리 같은 먹이가 다가오면 재빨리 앞다리로 낚아챈다. 낫처럼 생긴 커다란 앞다리는 먹이를 잡기 좋게 생겼다. 먹이를 잡으면 바늘처럼 생긴 입을 찔러 넣어 즙을 빨아 먹는다. 숨을 쉴 때는 배 끝에 있는 숨관을 물 밖에 내놓고 숨을 쉰다.

물장군은 물자라처럼 수컷이 알을 보살핀다. 이른 여름에 짝짓기를 마친 암컷은 물가에 있는 물풀 줄기에 알을 100개쯤 낳는다. 알에서 깨어난 애벌레가 풀 줄기에서 물속으로 떨어지기 알맞은 거리에 알을 낳는다. 그러면 수컷은 알을 떠나지 않고 곁에서 지켜 준다.

물장군은 논이나 연못, 물풀이 많은 웅덩이나 개울 같은 고인 물에서 볼 수 있다. 가뭄이 들어 물이 마르지 않으면 한곳에서 쭉 산다.

한살이 [알-애벌레-어른벌레]

한 해에 한 번 발생한다. 암컷은 알을 한 번에 100개쯤 낳는다. 열흘쯤 지나면 알에서 애벌레가 나온다. 애벌레는 물속에서 네 번 허물을 벗고 50일쯤 지나서 물 위로 올라와 마지막 허물을 벗은 뒤에 어른벌레가 된다. 어른벌레로 겨울을 난다.

물장군은 몸길이가 48~65mm쯤 된다. 몸은 밤색이다. 몸에 견주어 머리가 작다. 더듬이는 겹눈 밑에 감추어져 있어서 보이지 않는다. 커다란 앞다리 끝에 발톱이 하나씩 나 있다. 가운뎃다리와 뒷다리에는 긴 털이 나 있다. 배 끝에 짧은 숨관이 있다.

물자라

물자라 *Appasus japonicus*
1995년 9월 경기도 파주

등에 알을 진 물자라 수컷

물자라는 물장군과 비슷하게 생겼는데 크기가 작다. 몸이 둥글넓적하며 머리가 작고 앞다리가 짧다. 마치 목이 짧고 얼굴이 뾰족한 자라 같아서 '물자라'라는 이름이 붙었다. 북한에서는 물자라를 '알지기'라고 하는데, 이 이름은 수컷이 알을 등에 지고 다니면서 지키는 모습을 보고 지은 것이다.

물자라는 물풀 사이에 숨어 있다가 먹이가 다가오면 낫처럼 생긴 앞다리로 재빨리 잡는다. 앞다리가 작아서 자기보다 큰 먹이는 못 잡고 작은 물고기나 올챙이, 달팽이를 잡아먹는다. 가운뎃다리와 뒷다리는 털이 나 있어서 헤엄을 잘 친다. 먹이를 잡으면 바늘처럼 뾰족하게 생긴 입을 찔러 넣고 즙을 빨아 먹는다.

물자라는 수컷이 알을 돌본다. 짝짓기를 마친 암컷은 수컷 등에 알을 하나씩 낳는다. 수컷은 등에 알이 꽉 찰 때까지 여러 번 짝짓기를 한다. 물자라 수컷은 등이 둥글고 넓적해서 알을 지고 다니기 좋다. 수컷은 등에 진 알들을 다른 물고기들이 먹지 못하게 하고, 알이 깨는 데 알맞은 온도와 공기를 얻으려고 물 표면 가까이에서 지낸다. 예전에는 논이나 물풀이 우거진 물웅덩이에서 물자라를 쉽게 볼 수 있었다. 농약이나 풀약을 많이 쓰면서 요즘은 보기가 힘들어졌다.

한살이 [알-애벌레-어른벌레]
한 해에 한 번 발생한다. 어른벌레는 물 밑에 쌓인 가랑잎 속에서 겨울을 나고 봄에 짝짓기를 한다. 5월 초쯤에 알을 지고 다니는 수컷을 볼 수 있다. 암컷은 짝짓기를 한 뒤 수컷 등에 알을 하나 낳는다. 수컷은 여러 번 짝짓기를 하여 100개쯤 되는 알을 등에 지고 다닌다. 알을 낳은 지 이 주일쯤 지나면 애벌레가 깨어난다. 애벌레는 허물을 다섯 번 벗고 두세 달 만에 어른벌레가 된다.

물자라는 몸길이가 17~20mm쯤 된다. 몸은 누런
밤색이고, 등이 둥글넓적하다. 앞다리는 낫처럼 생겼고
입은 바늘처럼 생겼다. 배 끝에는 짧은 숨관이 있다.
알은 희고 둥글고 길쭉하다.

송장헤엄치게

송장헤엄치게 *Notonecta triguttata*
1995년 10월 경기도 남양주

소금쟁이를 잡아먹는 송장헤엄치게

송장헤엄치게는 연못이나 웅덩이처럼 고인 물에서 산다. 물 표면 바로 아래에서 몸을 거꾸로 뒤집어 배를 위쪽으로 하고 송장헤엄을 친다. 송장헤엄은 하늘을 보고 누워 팔을 저으며 나아가는 헤엄이다. 그래서 이름이 '송장헤엄치게'가 되었다.

송장헤엄치게는 몸집이 작고 등은 볼록하다. 배와 다리에는 누런 털이 촘촘히 나 있는데 물 바닥과 색이 비슷해서 헤엄칠 때 눈에 잘 띄지 않는다. 긴 뒷다리를 배의 노처럼 저어서 헤엄을 친다.

송장헤엄치게는 헤엄치고 다니면서 먹이를 찾는다. 물 위에 소금쟁이 같은 작은 벌레가 오면 날카로운 발톱이 있는 앞다리로 낚아채서 물속으로 끌어들인 뒤 바늘처럼 생긴 입을 꽂고 즙을 빨아 먹는다. 어린 물고기나 올챙이도 잡아먹는다. 맑은 날에는 물 밖으로 나와서 날개를 말린 다음에 멀리 날아가기도 한다. 알을 낳아 물속에 있는 바위 위나 물풀 줄기에 붙여 놓는다. 송장헤엄치게는 입이 짧고 뾰족해서 찔리면 몹시 아프다.

한살이 [알-애벌레-어른벌레]
봄부터 여름 사이에 알을 낳는다. 애벌레는 다섯 번 허물을 벗고 어른벌레가 된다. 물속에서 어른벌레로 겨울을 난다.

송장헤엄치게는 몸길이가 11~14mm이다.
누런 밤색이고 윤이 난다. 홑눈은 없고 큰 겹눈이 있다.
앞다리와 가운뎃다리는 짧고 뒷다리는 아주 길다.
다리와 배에 누런 털이 촘촘히 나 있다.

소금쟁이

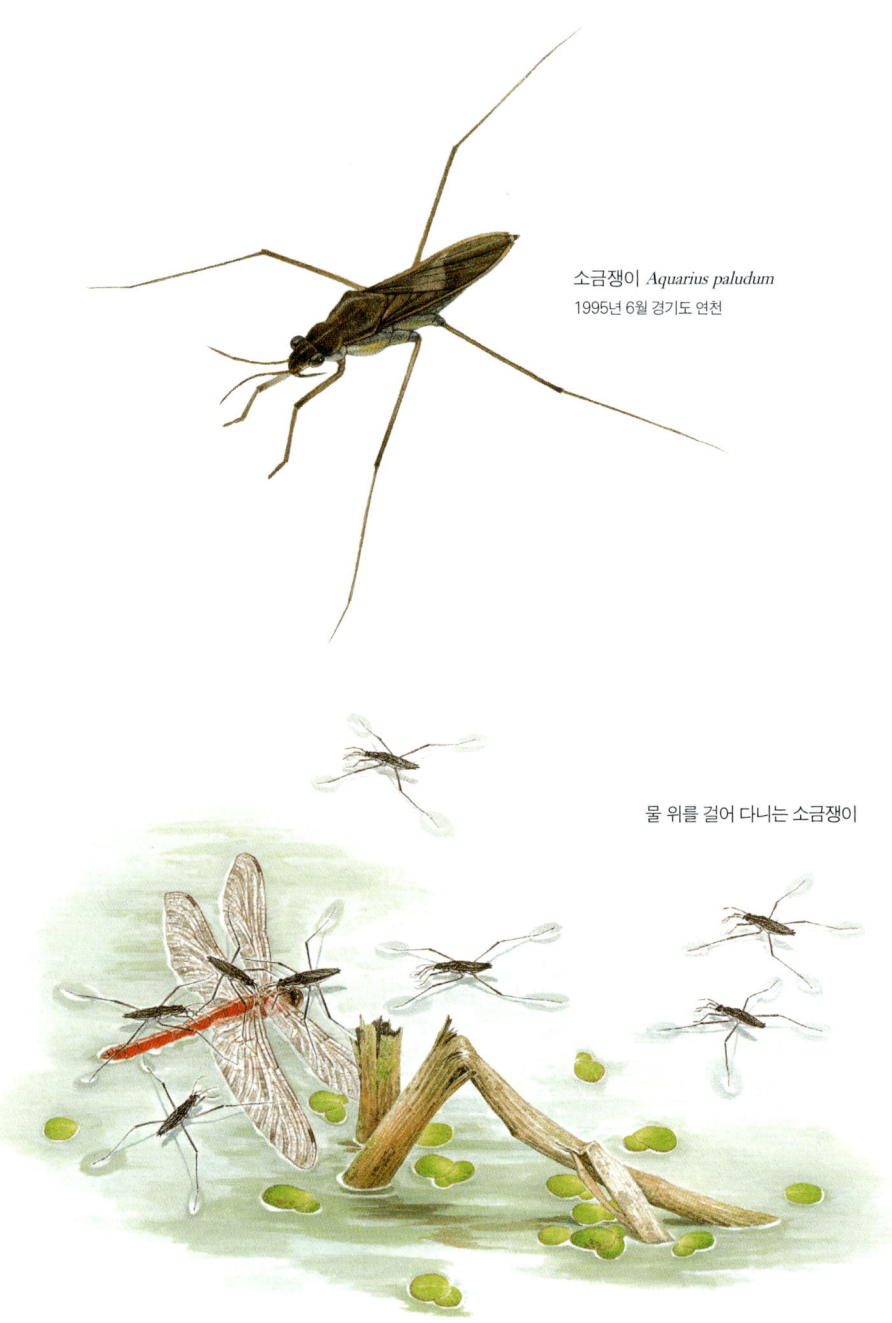

소금쟁이 *Aquarius paludum*
1995년 6월 경기도 연천

물 위를 걸어 다니는 소금쟁이

소금쟁이는 논이나 연못이나 개울에서 물 위를 미끄러지듯이 걸어 다닌다. 비가 와서 잠깐 웅덩이가 생긴 곳에 날아오기도 한다. 소금쟁이는 물에 떨어지는 작은 벌레를 잡아서 즙을 빨아 먹는다. 먹이가 물에 떨어져 잔물결이 조금만 일어도 금세 알아챈다. 죽은 물고기나 벌레가 있으면 떼로 몰려와서 먹기도 한다. 논에 사는 소금쟁이는 벼를 해치는 멸구와 나방을 잡아먹어서 벼농사에 도움을 준다.

소금쟁이는 몸이 가볍고 다리에 잔털이 많이 나 있어서 물 위에 잘 뜬다. 잔털이 많으면 뜨는 힘이 커진다. 또 잔털에는 기름기가 있어서 물에 빠지지 않는다. 물 위에 멈추어 서 있을 때는 다리로 물을 내리누르면서 떠 있다. 빠르게 움직일 때는 물을 뒤로 밀어 낸다. 다리 끝에 발톱이 한 쌍 있어서 물을 헤치기 좋다.

소금쟁이는 뒷다리와 가운뎃다리가 길고 잽싸게 움직인다. 가운뎃다리는 몸을 쭉 밀면서 앞으로 나아갈 때 쓴다. 뒷다리로는 방향을 잡는다. 앞다리는 짧지만 물 위를 미끄러질 때 몸을 떠받친다. 먹이를 잡는 것도 앞다리로 한다. 소금쟁이는 겁이 많아서 다가가면 금세 도망간다. 소금쟁이를 손으로 만지면 노린내가 난다. 밤에는 불빛이 있는 쪽으로 날아들기도 한다.

한살이 [알-애벌레-어른벌레]
한 해에 두세 번 발생한다. 대부분 어른벌레로 겨울을 난다. 알은 물 위에 나와 있는 풀 줄기에다 10~30개쯤 낳는다. 한 주가 지나면 알에서 애벌레가 깨어난다. 애벌레는 한 달쯤 지나면 어른벌레가 된다. 어른벌레는 30~45일쯤 산다.

소금쟁이는 몸길이가 11~16mm이다. 암컷이 수컷보다 조금 크다. 몸과 다리가 길고 검은색이나 밤색이다. 몸에 부드러운 잿빛 털이 나 있다.

큰허리노린재

큰허리노린재 *Molipteryx fuliginosa* 수컷
1995년 6월 강원도 춘천

큰허리노린재는 노린재 가운데 아주 큰 편이다. 몸집이 커서 무거운데도 잘 날아다닌다. 몸은 거무스름한 밤색이 난다. 어깨처럼 생긴 앞가슴등판이 크고 넓적하다. 그 양 끝 모서리가 앞쪽으로 쑥 불거져 나와 있고 가장자리는 톱니처럼 우툴두툴하다. 앞날개가 좁아 배를 다 가리지 못해서 배가 날개 양쪽 옆으로 둥글게 튀어나와 있다. 머리는 몸에 견주어 볼 때 작고, 더듬이가 길다. 다리는 크고 긴 편이다.

큰허리노린재는 들이나 낮은 산, 밭이나 밭 둘레에 있는 작은키나무에 많다. 5월에서 10월 사이에 나타나서 콩, 벼, 머위, 양지꽃, 엉겅퀴, 덩굴딸기, 물싸리, 참나무에 붙어서 즙을 빨아 먹는다. 봄에 올라오는 새순에 붙어서 즙을 빨아 순이 말라 죽게도 한다. 한 줄기에 여러 마리가 모이기도 한다. 손으로 잡으면 시큼한 냄새를 피운다.

한살이 [알-애벌레-어른벌레]
한 해에 한 번 발생한다. 어른벌레로 겨울을 난다. 5월에 겨울잠에서 깨어난 암컷은 짝짓기를 하고 잎이나 땅 위에 알을 하나씩 낳는다. 알에서 깨어난 애벌레는 다섯 번 허물을 벗고 8월 초에 어른벌레가 된다.

큰허리노린재는 몸길이가 19~25mm이다.
몸 빛깔은 짙은 밤색이고 겉에 짧고 옅은 밤색 털이 촘촘히 나 있다. 더듬이가 길고 네 마디로 되어 있다. 앞가슴등판의 옆모서리가 크고 넓적하다. 수컷은 뒷다리 넓적다리마디에 가시 같은 작은 돌기가 나 있고 암컷보다 굵다. 암컷이 수컷보다 몸집이 더 크다.

알락수염노린재

알락수염노린재 *Dolycoris baccarum*
1998년 4월 경북 청송

알락수염노린재
1998년 4월 경북 청송

알락수염노린재는 이른 봄부터 늦가을까지 바닷가 풀숲이나 논밭, 낮은 산 어귀 어디서나 흔하게 볼 수 있다. 토끼풀처럼 연한 풀이나 산딸기나 해당화 열매, 풀이나 나뭇잎이나 가리지 않고 다 잘 먹는다. 몸 빛깔은 붉은 밤색이나 연보라색이다. 등 가운데가 싯누렇고 더듬이는 색이 알록달록하다. 뒤뚱뒤뚱 기어다니면서 풀에서 즙을 빨고, 다른 풀로 옮겨갈 때는 날아간다. 톱다리개미허리노린재만큼 빠르지는 않지만 잘 난다. 사마귀나 개구리 같은 천적이 나타나거나 사람이 손으로 잡으면 누린내를 뿜는다. 풀숲에서 어른벌레로 겨울을 난다. 늦가을에 겨울을 나려고 집 안으로 날아들기도 한다.

　알락수염노린재는 봄에는 배춧잎이나 무 잎을 빨아 먹고, 가을에는 콩, 참깨, 벼, 귤, 단감을 빨아 먹어 농사에 피해를 주는 해충이다. 콩이나 참깨가 채 익기 전에 꼬투리를 빤다. 빨고 나면 꼬투리가 검어지고 열매가 들지 않는다. 벼 이삭을 빨면 볍씨가 들지 않고 까매진다. 귤 꼭지가 달리는 곳을 빨아 먹어서 귤이 익기도 전에 바람에 쉽게 떨어지고 만다. 단감은 붉게 익어 갈 무렵 빨아 먹는데 빨아 먹은 자리가 까맣게 된다.

한살이 [알-애벌레-어른벌레]

한 해에 두 번 발생한다. 첫번째 어른벌레는 6~7월에, 두 번째 어른벌레는 9~10월에 나타난다. 어른벌레는 알을 한 번에 30~40개씩 서너 번에 걸쳐서 채소 잎이나 풀잎 위에 낳는다. 사나흘이 지나면 알에서 애벌레가 깨어난다. 애벌레는 한 달 동안 허물을 네 번 벗고 나서 어른벌레가 된다. 어른벌레로 겨울을 난다.

알락수염노린재는 몸길이가 11~14mm이고, 머리가 작다. 몸 빛깔은 붉은 밤색이나 연보라색이나 그 밖에 여러 가지가 있다. 몸에 부드러운 털이 빽빽이 나 있다. 배 양옆에는 검은 줄무늬가 뚜렷하다. 날개가 배 끝보다 조금 길다.

매미충

끝검은말매미충 *Bothrogonia japonica*
1996년 10월 경기도 남양주

애벌레

나뭇잎에 붙어 있는 끝검은말매미충

매미충은 매미와 비슷하게 생겼는데 크기가 아주 작다. 매미충은 매미와 달리 날개가 투명하지 않고 소리내어 울지 않는다. 그리고 위로 톡톡 튀어서 이곳저곳으로 날아다닌다. 나무에 병을 옮기기도 한다.

끝검은말매미충은 온몸이 샛노랗고 날개 끝만 검다. 작은 곤충이지만 우리나라에 사는 말매미충 가운데서는 가장 크다. 날개 힘이 좋아서 톡톡 튀면서 멀리 날 수 있다. 더듬이는 실처럼 가늘고 짧다. 가까이 다가가면 옆걸음질 치면서 잎 뒤로 숨는다. 낮은 산이나 풀밭이나 논을 가리지 않고 어디서나 살고 아주 흔하다.

끝검은말매미충은 매미 무리에 속한다. 매미같이 입 모양이 대롱처럼 생겨서 잎을 찔러서 빨아 먹기 알맞다. 새 같은 적을 피하려고 잎 뒤쪽 한 자리에 가만히 붙어서 즙을 빨아 먹는다. 먹을 때 배 끝으로 물 같은 똥을 싼다. 겨울잠을 자기 전에 나무에 여러 마리가 떼로 붙어서 즙을 빨기도 한다. 이때 여러 마리가 한꺼번에 똥을 떨어뜨리면 마치 가는 비가 내리는 것처럼 보인다. 사과나무, 두릅나무, 귤나무, 유자나무, 감나무, 고욤나무, 무화과나무, 비파나무, 콩, 보리, 야광나무, 아그배나무, 뽕나무, 오동나무, 벚나무, 살구나무, 귀룽나무, 배나무, 참나무, 나무딸기, 차나무, 포도나무, 머루, 등나무, 옥수수 잎이나 줄기에 붙어서 즙을 빨아 먹는다.

한살이 [알-애벌레-어른벌레]
한 해에 한 번 발생한다. 어른벌레로 나무껍질 틈이나 돌 밑에서 겨울을 난 뒤 이듬해 봄에 날아다닌다. 어른벌레는 가을에 많이 나와서 이듬해 봄까지 산다.

끝검은말매미충은 머리에서 날개 끝까지 길이가
11~13mm이다. 밝은 노란색이다. 머리는 앞으로
튀어나왔고 더듬이는 보이지 않을 정도로 가늘고 짧다.
앞가슴등판에는 점무늬 세 개가 정삼각형으로 나 있다.
날개 끝에 파란빛이 도는 검은 무늬가 있다. 다리 마디에도
검고 노란 띠무늬가 있다.

벼멸구

벼멸구 *Nilaparvata lugens*
1997년 10월 서울 은평구

볏잎을 빨아 먹는 벼멸구

벼멸구는 벼농사 해충이다. 요즘 논농사에 큰 해를 끼치는 벼멀구는 본디 우리나라에서 살지 않았다. 해마다 6~7월 장마철에 바람을 타고 중국에서 날아온 것이다. 우리나라에서 겨울을 나지 못하고 죽는다. 전라남도나 서해안 근처 논에 먼저 나타나서 충청도나 경기도로 점점 올라온다.

벼멸구는 애벌레 때부터 벼 포기 밑부분에 붙어서 뾰족한 침을 줄기 속에 넣고 즙을 빨아 먹는다. 벼멸구가 즙을 빨면 벼가 밑둥부터 누렇게 되면서 말라 죽거나 벼 포기 가운데가 부러진다. 떼로 퍼지면 논 군데군데가 둥글게 폭삭 주저앉는다. 심하면 쌀을 한 톨도 거두지 못하기도 한다.

벼멸구를 막는 법은 시대에 따라 조금씩 달랐다. 1930년대 이전에는 불을 켜 두고 멸구가 모이면 잡아 죽였다. 고래 기름을 논에 뿌리고 빗자루나 작대기로 벼를 털어서 멸구를 물 위에 떨어뜨리기도 했다. 그러면 기름이 묻어서 날지 못하고 죽는다. 1930~1940년부터 석유나 들기름을 물에 뿌리고 빗자루로 털어서 막았다. 1945년쯤부터는 농약을 들여와서 쓰기 시작했다. 요즘은 독한 농약을 안 치고도 멸구를 막는 방법을 많이 찾고 있다.

한살이 [알-애벌레-어른벌레]

우리나라에 날아와서 두세 번 생긴다. 논으로 날아올 때는 날개가 긴 벼멸구가 온다. 날개가 긴 벼멸구가 논에서 알을 낳으면 날개가 짧은 벼멸구가 나온다. 알은 볏잎이나 줄기 속에 낳는다. 알에서 어른벌레가 되기까지 18~23일이 걸린다. 어른벌레는 20~30일을 살면서 보통 알을 300개쯤 낳는다.

벼멸구는 몸길이가 3~5mm쯤이다. 어른벌레는 날개가 긴 것과 짧은 것이 있다. 몸과 머리, 더듬이는 어두운 밤색이고 겹눈은 까맣다. 날개는 반투명한 밤색이다.

말매미

말매미 *Cryptotympana atrata* 수컷
2000년 8월 서울 노원구

말매미가 알을 낳아 놓은 나무줄기

나무줄기 속에 낳은 말매미 알

말매미는 우리나라에 사는 매미 가운데 가장 크고 빛깔이 검다. 울음소리도 크고 우렁차다. 여름이면 길섶에 있는 미루나무나 플라타너스 같은 나무의 줄기나 가지에 앉아서 크고 우렁차게 "차르르르" 하고 길게 이어서 운다. 깊은 산보다는 넓게 트인 들판이나 길가에 있는 나무에 많다.

과수원에 말매미가 퍼지면 과일 농사에 피해를 주기도 한다. 사과나무와 귤나무에 피해를 많이 준다. 어른벌레는 나뭇가지를 주둥이로 찔러서 나무즙을 빨아 먹는다. 사과나무, 복숭아나무, 배나무, 자두나무, 귤나무, 감나무, 미루나무, 밤나무, 살구나무, 능수버드나무, 플라타너스 같은 나무에서 즙을 빨아 먹는다. 암컷은 나뭇가지에 상처를 내고 그 속에 알을 낳는다. 말매미가 알을 낳은 가지는 말라 죽는다. 애벌레는 땅속에서 과일나무 뿌리에 붙어서 즙을 빨아 먹으면서 여러 해를 산다. 말매미를 없애려면 말매미가 알을 낳아 놓은 가지를 잘라서 불태운다. 이듬해 6~7월이면 애벌레가 알에서 깨어 가지 밖으로 나와 땅으로 떨어지는데 그전에 해야 한다. 땅속에 있는 애벌레가 어른벌레가 되려고 나무줄기로 기어오를 때 잡는다. 한 곳에서만 하면 효과가 별로 없다. 가까이 있는 과수원에서도 같이 해야 한다.

한살이 [알-애벌레-어른벌레]

암컷이 여름에 나뭇가지에 알을 낳는다. 그대로 겨울을 보내고 이듬해 애벌레로 깨어난다. 알에서 나온 애벌레는 땅속으로 들어가 3~5년을 살다가 땅 위로 올라와 어른벌레가 된다. 어른벌레는 3~4주쯤 살다가 죽는다.

말매미는 몸길이가 40~48mm이다. 윤이 나는 검은색을 띤다. 날개는 크고 투명하다. 애벌레는 처음에는 젖빛이다가 나중에는 연한 밤색이 된다. 우리나라 매미 애벌레 가운데 가장 몸집이 크다.

유지매미

유지매미 *Graptopsaltria nigrofuscata*
2000년 8월 서울 노원구

땅속에 사는 애벌레

유지매미는 들이나 낮은 산에 있는 울창한 숲에 많이 산다. 유지매미는 "지글 지글 지글" 하며 우는데, 처음에는 굵은 소리로 천천히 울다가 점점 빨라지면서 높아지다가 다시 천천히 낮아지면서 멎는다. 우는 소리가 기름 끓는 소리 같다고 '기름매미'라고도 한다. 수컷은 낮에는 쉬엄쉬엄 울지만 저녁 무렵에는 여기저기 옮겨 다니면서 왁자하게 운다. 숲 근처 집까지 날아와 아무 데나 앉아서 운다. 7월 초부터 9월 중순까지 볼 수 있다.

유지매미는 참나무나 벚나무나 배나무나 소나무 그 밖에 온갖 나무에서 볼 수 있다. 다른 매미처럼 땅속으로 들어간 애벌레는 나무뿌리에 주둥이를 찔러서 물을 빨아 먹는다.

한살이 [알-애벌레-어른벌레]

여름에 암컷이 나뭇가지에 낳은 알은 겨울을 나고, 이듬해 애벌레가 깨어난다. 애벌레는 땅속으로 들어가 3~4년 산다. 애벌레는 땅속에서 네 번 허물을 벗는다. 허물을 벗을 때마다 생김새가 달라진다. 땅속에서 나온 애벌레는 나뭇가지에 몸을 붙이고 마지막으로 허물을 벗고 어른벌레가 된다. 어른벌레는 3~4주쯤 산다.

유지매미는 몸길이가 34~38mm쯤 된다. 날개 끝까지는 50~60mm쯤 된다. 몸 색깔은 검은 바탕에 밤색 무늬가 있다. 날개에는 밤색, 검정색 무늬가 섞여 있다. 날개맥은 연두색이다. 마지막 애벌레는 밤색이다. 앞다리가 갈퀴처럼 생겼다.

참매미

참매미 *Oncotympana fuscata* 수컷
1996년 8월 서울 중랑구 망우산

날개돋이를 하는 참매미

참매미는 "맴 맴 맴 맴 매앰" 하고 몇 차례 되풀이하다가 "맴……" 하면서 울음을 끝낸다. 낮에도 울고 궂은 날에도 울지만, 맑은 날 해 뜰 무렵 가장 왁자하게 운다. 한번 울고 나서 다른 나무로 날아가기도 하고, 수컷이 울고 있는 나무에 다른 수컷과 암컷 들이 나무로 날아와 모이기도 한다.

참매미는 7월 초에서 9월 중순까지 볼 수 있다. 산이나 숲이나 들판 어디서든 볼 수 있고 도시에서도 자주 볼 수 있다. 건물 벽에 앉아서 울기도 한다. 참매미는 벚나무, 참나무, 은행나무, 소나무 들에서 흔히 볼 수 있다. 나무의 높은 곳이나 낮은 곳이나 가리지 않고 잘 앉는다.

한살이 [알-애벌레-어른벌레]
짝짓기를 마친 암컷은 나무줄기를 찢고 그 속에 알을 낳는다. 알은 나뭇가지 속에서 그대로 겨울을 지내고, 이듬해 애벌레로 깨어난다. 알에서 나온 애벌레는 땅속으로 들어가 2~4년을 보낸 뒤에 땅 위로 올라와 어른벌레가 된다. 어른벌레는 3~4주쯤 산다.

참매미는 몸길이가 33~37mm이다. 머리부터 날개 끝까지 길이는 55~65mm이다. 몸은 검정 바탕에 흰색, 풀색 무늬가 많이 나 있다. 날개는 옅은 밤색이 돌고 투명하다. 애벌레는 생김새와 크기가 유지매미와 비슷하다.

털매미

털매미 *Platypleura kaempferi*
1996년 7월 서울 노원구 불암산

털매미는 참매미나 유지매미보다 몸집이 작다. 온몸이 짧은 털로 덮여 있어서 '털매미'라는 이름이 붙었다. 몸과 날개에 알록달록한 무늬가 있어서 나무에 앉아 있으면 눈에 잘 띄지 않는다. "찌이이이" 하고 조금씩 소리가 낮아지다가 갑자기 높아지는데 이렇게 되풀이해서 울고 또 운다. 날씨를 가리지 않고 우는데 어둑어둑해질 때까지 운다. 옛날에는 울음소리가 "씨이이잉" 하고 들린다고 해서 '씽씽매미'라고도 했다. 6월부터 9월 사이에 들이나 낮은 산에서 볼 수 있다. 밤에 불빛을 보고 많이 날아든다.

털매미는 배나무, 복숭아나무, 사과나무 같은 과일나무나 미루나무나 느티나무에 날아와서 주둥이를 줄기에 꽂고 즙을 빨아 먹는다. 털매미가 먹은 자리에서는 달콤한 즙이 자꾸 흘러나와서 나무가 병에 걸리기 쉽다. 이 즙에 날아다니는 곰팡이가 붙으면서 새까맣게 된다. 애벌레는 땅속에서 살면서 나무뿌리에서 즙을 빨아 먹고 산다.

한살이 [알-애벌레-어른벌레]
암컷이 여름에 나뭇가지에 낳은 알은 그해 9월쯤에 애벌레로 깨어난다. 땅속으로 들어간 애벌레는 2~4년 땅속에서 산다. 땅에서 나온 애벌레는 허물을 벗고 어른벌레가 된다. 어른벌레는 3~4주쯤 산다.

털매미는 몸길이가 20~28mm이다. 날개 끝까지는 35~40mm쯤 된다. 앞날개에 구름무늬가 있고, 뒷날개는 대부분 검고 테두리는 투명하다. 등에는 검은 바탕에 'W' 모양으로 풀색 무늬가 있다. 온몸이 짧은 털로 덮여 있다. 허물을 벗으려고 땅 위로 올라온 애벌레는 온몸이 진흙으로 덮여 있다. 몸은 짧고 둥그스름하며 유지매미나 참매미 애벌레보다 훨씬 작다.

진딧물

진딧물 Aphididae
1996년 7월 서울 노원구

진딧물은 나무와 풀에 붙어서 즙을 빨아 먹는다. 크기는 깨알처럼 작지만 몇 마리만 있으면 금세 퍼진다. 연한 상추와 고춧잎, 보리 이삭, 찔레 순, 옥수숫대와 사과나무 잎 같은 곳에 다닥다닥 붙어서 즙을 빤다. 배추나 무 싹에도 날아오는데 진딧물이 퍼지면 어린잎은 더 자라지 못하고 말라 죽는다. 잎에 진딧물이 끼면 오그라들고 말리면서 시들시들해진다. 또 진딧물이 즙을 빨고 나면 그 식물은 병에 걸리기 쉽다. 진딧물은 먹고 난 자리에 끈적이는 단물을 내놓는다. 이 단물에 공기에 떠다니는 곰팡이가 붙으면 잎이 거뭇거뭇해지면서 자라지 않게 되고, 이삭도 검게 되면서 잘 영글지 않는다.

진딧물은 봄부터 6월까지 늘어났다가, 비가 많이 오고 무더운 한여름에는 수가 줄어든다. 8월 중순이 지나면서 다시 많아진다. 봄 가뭄이 든 해에는 아주 많아진다. 진딧물은 뜨물, 뜸물, 비리, 진두머리, 진디라고도 한다.

한살이 [알-애벌레-어른벌레]
한 해에 여러 번 생긴다. 봄에 알에서 깨어난 진딧물은 짝짓기를 하지 않고 새끼를 낳는다. 가을이 되면 암컷과 수컷이 태어나서 짝짓기를 하고 알을 낳는다. 이 알로 겨울을 난다. 복숭아혹진딧물은 한 해에 열 번쯤 발생한다. 암컷은 50마리쯤 되는 새끼를 낳고, 한 달쯤 산다.

진딧물은 몸길이가 보통 1~3mm이다. 종류마다 크기와 색깔이 다 다르다. 몸 빛깔은 풀색이 가장 많은데 붉거나 검은 것도 있다. 같은 진딧물이어도 어디 있느냐에 따라 빛깔이 달라지기도 한다. 주둥이는 길고 날개가 있는 것과 날개 없는 것이 있다. 몸 겉면은 매끈하거나 흰 가루로 덮여 있다.

명주잠자리

명주잠자리 *Baliga micans*
1996년 6월 경기도 가평 남이섬

함정을 파고 개미를 잡아먹는 개미귀신
1996년 5월 경기도 가평

명주잠자리 애벌레인 개미귀신

명주잠자리는 생김새가 잠자리와 많이 비슷하다. 숲속에서 살고 그늘지고 어두운 곳에서 큰 날개를 너풀너풀거리며 힘없이 난다. 더듬이가 굵고 사람 눈썹처럼 생겼다. 앉을 때는 날개를 배 위에 붙이고 앉는다. 날개는 투명하고 만지면 명주처럼 부드럽다.

명주잠자리 애벌레를 '개미귀신'이라고 한다. 개미귀신은 깔때기처럼 생긴 작은 모래 함정을 파서 개미를 잡는다. 그리고 꽁무니부터 땅속으로 들어가는데, 흙으로 제 몸을 덮을 만큼 들어가 있어서 밖에서는 보이지 않는다. 이 함정을 '개미지옥'이라고 한다. 개미지옥은 산비탈이나 강가 모래밭이나 바닷가 모래 속에도 있다. 개미가 지나가다 개미지옥에 빠지면 개미귀신이 땅속에서 큰 턱으로 흙을 날리듯이 던진다. 그러면 개미지옥에 빠진 벌레는 자꾸 미끄러져서 빠져나가지 못한다.

개미귀신은 먹이를 잡으면 즙을 빨아 먹고 껍질은 밖으로 내버린다. 개미지옥에 거미나 잎벌레나 쥐며느리가 빠져도 다 잡아먹는다. 개미귀신은 1~2년 동안 흙속에서 지내고 나서 명주잠자리가 된다.

한살이 [알-애벌레-번데기-어른벌레]
6월부터 8월 사이에 어른벌레가 나타난다. 땅속에서 애벌레로 겨울을 나고, 그 동안은 아무것도 먹지 않는다. 애벌레는 흙속에서 1~2년을 지낸 뒤 흙을 동그랗게 빚고 그 속에서 번데기가 된다. 20일쯤 지나면 흙속에서 나와 풀 줄기로 기어 올라가서 날개돋이를 한다. 어른벌레는 두 달쯤 산다.

명주잠자리는 몸길이가 40mm 안팎이다.
날개 편 길이는 80~95mm이다. 몸은 잿빛이 도는 밤색이고 길다. 가슴의 아래쪽과 다리에 노란 무늬가 있다. 날개는 투명하며 날개맥이 뚜렷하다. 다 자란 애벌레는 몸길이가 15mm쯤이다.

길앞잡이

좀길앞잡이 *Cicindela japana*
1996년 5월 경기도 연천

길앞잡이는 늦봄이나 이른 여름에 산길에서 볼 수 있다. 양지바른 길 위에 앉았다가 다가가면 푸르륵 날아서 다시 길 위에 앉는다. 몇 발자국 다가가면 저만큼 다시 날아가서 앞에 앉는다. 꼭 길을 가르쳐 주는 것처럼 앞서서 날아간다. 그래서 '길앞잡이'라고 한다.

길앞잡이는 땅 위를 빠르게 날거나 뛰어다니면서 작은 벌레를 잡아먹고 산다. 애벌레는 땅속으로 곧게 굴을 파고 그 안에 산다. 개미 같은 작은 벌레가 굴 위로 지나가면 튀어 올라서 잡아먹는다. 등에 있는 갈고리를 굴 벽에 걸치고 있어서 굴 아래로 떨어지지 않는다. 먹이를 잡을 때도 쉽게 튀어 오를 수 있다.

'좀길앞잡이'는 낮은 산이나 들에 많다. 봄부터 6월까지 많이 볼 수 있고, 한여름에는 드물다가 9월이 되면 다시 나타난다. 해발 1000m가 넘는 높은 산에는 '산길앞잡이'가 산다. 봄부터 가을까지 보이는데 한여름이 지나고 나면 많아진다.

[알-애벌레-번데기-어른벌레]
어른벌레는 봄부터 초여름 사이에 땅을 얕게 파고 알을 하나씩 낳는다. 알에서 깨어난 애벌레는 혼자서 굴을 파고 벌레를 잡아먹으며 자라서 가을에 어른벌레가 된다. 어른벌레는 겨울을 나고, 이듬해 봄부터 먹이도 잡아먹고 알도 낳는다.

좀길앞잡이는 몸길이가 15~19mm이고 딱지날개 위가 넓다. 등은 광택이 없고, 아주 짙은 밤색인데 풀색을 띠는 것도 있고 검은 것도 있다. 몸 아래쪽은 광택이 나는 푸른 색이거나 푸른 보랏빛이다. 딱지날개에는 누런 빛깔이 나는 둥근 무늬와 긴 무늬들이 있다.

물방개

물방개 *Cybister japonicus* 암컷
1995년 9월 경북 예천

물방개는 연못이나 웅덩이나 논이나 도랑에 산다. 물이 얕고 물풀이 있는 곳에 많다. 애벌레와 어른벌레가 모두 물속에 산다. 물방개는 둥글넓적하게 생겼다. 뒷다리가 배를 젓는 노처럼 생기고 가는 털이 나 있어서 빠르고 힘차게 헤엄칠 수 있다. 다른 벌레나 물고기나 달팽이를 잡아먹는다. 죽은 물고기나 개구리도 먹어서 '물속의 청소부'라는 별명이 붙었다. 숨을 쉴 때는 딱지날개 밑이나 다리와 몸통 사이에 지니고 있던 공기로 숨을 쉰다. 탁한 공기를 바꿀 때는 배 끝을 물 밖으로 내놓고 바꾼다.

암컷은 딱지날개에 아주 가는 주름이 있어서 윤기가 없지만, 수컷은 딱지날개가 기름을 칠한 듯이 반들거린다. 그래서 북한에서는 물방개를 '기름도치'라고도 한다. 옛날에는 잡아서 구워 먹기도 했다. 먹을 수 있어서 물방개를 '쌀방개'라고도 했다. 얼마 전까지만 해도 들판이나 논가에 있는 물웅덩이에 물방개가 흔했다. 밤에 불빛을 보고 날아오기도 했다. 물이 더러워지면서 사라져서 지금은 귀해졌다.

한살이 [알-애벌레-번데기-어른벌레]
어른벌레는 한 해에 한 번 생긴다. 봄에 짝짓기를 하고 물풀이나 돌 틈에 알을 낳는다. 알을 낳고 한 달쯤 지나면 애벌레가 깨어난다. 다 자란 애벌레는 물 밖으로 기어 나와서 땅속에 구멍을 파고 그 속에서 번데기가 된다. 번데기를 벗고 어른벌레가 되면 다시 물속으로 돌아간다. 어른벌레로 겨울을 난다.

물방개는 몸길이가 35~40mm다. 딱지날개는 풀빛이 도는 검은색이다. 딱지날개 가장자리에 누르스름한 테두리가 있다. 수컷은 등이 매끈매끈하고 윤이 나지만, 암컷은 까실까실하고 윤이 나지 않는다.

물맴이

물맴이 *Gyrinus japonicus*
1996년 10월 경기도 남양주

물 위를 맴도는 물맴이

물맴이는 고여 있거나 느리게 흐르는 물에서 산다. 몸통은 달걀꼴인데 작고 새카맣고 진주알처럼 윤기가 난다. 물 위를 좍좍 재빠르게 헤엄치는데 이리저리 방향을 바꿔 가면서 달리거나 원을 그리며 맴돈다. 그러다가 여러 마리가 한데 모여서 함께 둥글게 원을 하나 그리며 빙글빙글 맴돈다. 연못이나 웅덩이뿐만 아니라 논에서도 맴돌이를 한다. 물이 더러워지면서 지금은 보기 힘들게 되었다. 두세 마리씩은 가끔 보여도 수십 마리가 한데 모여서 도는 것은 보기 어렵다.

물맴이가 재빠르게 헤엄쳐 다니는 것은 공중에서 물 위로 떨어지는 벌레들을 잡아먹으려는 것이다. 물맴이 눈은 위아래로 나뉘어 있다. 위쪽 눈은 날아다니는 곤충을 보고, 아래쪽 눈은 물에 떨어진 먹이를 본다. 앞다리는 아주 크고 튼튼해서 먹이를 잡기 좋고, 가운뎃다리와 뒷다리는 짧지만 넓적한 노처럼 생겨서 빠르게 헤엄칠 수 있다. 적을 만났거나 쉴 때는 재빨리 물 밑으로 내려가 숨어 있다가 괜찮아지면 물 위로 똑바로 솟구쳐 올라온다. 밤에는 불빛을 보고 날아들기도 한다. 손으로 잡으면 냄새를 피운다.

한살이 [알-애벌레-번데기-어른벌레]

봄부터 여름 사이에 물가에 자라는 물풀이나 물 위에 떠 있는 풀 또는 나뭇조각에 알을 낳는다. 애벌레는 물속에서 장구벌레 같은 작은 벌레를 잡아서 즙을 빨아 먹는다. 애벌레가 다 자라면 물가로 나와 흙속에서 번데기가 된다. 어른벌레는 겨울만 빼고 봄부터 가을까지 아무 때나 돌아다닌다.

물맴이는 몸길이가 6~7mm쯤 된다. 몸이 달걀꼴이고 럭비공을 반으로 잘라 놓은 것처럼 등이 높다. 몸 빛깔은 새까만데 머리 가장자리는 구리색, 딱지날개 가장자리는 구릿빛이 도는 붉은색이다. 등 전체가 반짝인다. 암컷은 아주 가는 홈들이 오톨도톨하게 파여서 반짝이지 않는다.

물땡땡이

잔물땡땡이 *Hydrochara affinis*
1997년 8월 경기도 포천

물땡땡이는 연못이나 논처럼 고인 물에서 산다. 봄부터 가을까지 아무 때나 볼 수 있다. 물방개보다 조금 작고 느리게 헤엄친다. 물방개는 구워 먹어서 '쌀방개', 물땡땡이는 구워 먹지 않아서 '똥방개', '보리방개'라고 하기도 했다. 드물지만 물땡땡이도 둠벙에서 고기를 잡다가 그물에 걸리면 잡아서 먹었다.

'잔물땡땡이'는 여름밤에 불빛을 보고 날아온다. 애벌레는 작은 벌레를 잡아먹고, 어른벌레는 돌말 같은 물풀이나 물에 떨어진 가랑잎이나 썩은 풀을 먹는다. 물땡땡이 무리는 이처럼 썩은 풀이나 똥을 먹고 살아서 '청소 곤충'이라는 별명이 붙었다. 우리나라에서는 잔물땡땡이보다 '물땡땡이'를 더 흔하게 볼 수 있다. 물땡땡이는 잔물땡땡이보다 크고 등이 높다. 물땡땡이는 머리와 날개 끝 쪽이 좁아서 뾰족해 보이고 잔물땡땡이는 몸 뒤쪽이 둥글다. 물속에 사는 물땡땡이들은 알을 묵처럼 말랑말랑하고 속이 비치는 알주머니 안에 낳는다. 물땡땡이는 이 알주머니를 물풀에 붙여 놓고, 잔물땡땡이는 물 위에 띄워 놓는다. 물땡땡이는 낮에도 쉽게 볼 수 있지만 잔물땡땡이는 낮에는 숨어 있을 때가 많다.

한살이 [알-애벌레-번데기-어른벌레]
아직 한살이가 자세하게 밝혀지지 않았다.

잔물땡땡이는 몸길이가 15~18mm이다. 우리나라 물땡땡이 가운데 두 번째로 크다. 등딱지가 검고 윤이 난다. 입술 둘레에 난 수염과 더듬이가 누런 밤색이다. 다리는 붉은 밤색이다. 배 마디 옆에 있는 무늬도 붉은 밤색이다.

송장벌레

큰넓적송장벌레 *Eusilpha jakowlewi* 암컷
1995년 11월 경기도 광릉

죽은 지렁이에 모인 송장벌레

송장벌레는 흔히 동물의 시체에 모인다. 죽은 동물을 뜯어 먹고, 그 속에 알을 낳는다. 그래서 '송장벌레'라는 이름이 붙었다. 새나 쥐나 뱀 같은 동물이 죽어서 땅 위에 뒹굴면 밤에 냄새를 맡고 모여든다. 봄부터 가을 사이에 돌아다니지만 여름에 더 많다.

송장벌레는 동물 시체를 발견하면 암컷과 수컷이 함께 땅을 판다. 시체 바로 밑으로 들어가서 알맞은 넓이로 구덩이를 파고 시체를 묻는다. 다 묻고 나면 짝짓기를 하고 그 속에 알을 낳는다. 알에서 깨어난 애벌레는 시체를 먹고 자란다. 송장벌레 가운데는 살아 있는 나비나 나방 애벌레나 달팽이를 잡아먹는 것도 있다.

송장벌레 무리는 우리나라에는 27종이나 살고 있어서 많이 사는 셈이다. 이들 가운데 '넉점박이송장벌레'와 '큰넓적송장벌레'가 흔한 편이고 우리나라 어디서나 보인다. '큰수중다리송장벌레'는 몸이 크고 납작하고 빛깔이 검다. '검정송장벌레'는 몸통이 도톰하고 색깔은 검다. 온몸이 까만 것도 있지만 딱지날개에 주황색 띠무늬가 있는 종이 많다. '우단송장벌레', '점박이송장벌레', '대모송장벌레' 따위는 다 몸이 납작하고, 앞가슴등판은 주황색이다.

한살이 [알-애벌레-번데기-어른벌레]
한 해에 한 번 발생한다. 어른벌레는 나무나 흙속에서 겨울을 난다. 이른 봄에 짝짓기를 하고 알을 깐다. 애벌레는 번데기를 거쳐서 어른벌레가 된다.

큰넓적송장벌레는 몸길이가 17~23mm이다. 몸이 넓고 납작하고 푸른빛이 도는 검은색이다. 딱지날개에 세로줄이 있다. 날개 끝 부분이 들어간 것이 암컷이고, 둥근 것은 수컷이다. 머리 앞쪽에 집게처럼 생긴 큰턱이 있다.

톱사슴벌레

톱사슴벌레 *Prosopocoilus inclinatus inclinatus* 수컷
1995년 7월 서울 노원구 불암산

나무에 붙어 있는 톱사슴벌레 암컷과 수컷
1999년 8월 서울 노원구

톱사슴벌레는 앞으로 길게 뻗은 큰턱이 돋보인다. 큰턱이 길 뿐만 아니라 아래쪽으로 휘었다. 큰턱 안쪽에 작은 이빨처럼 생긴 돌기가 나 있어서 마치 사슴이나 노루의 뿔처럼 보인다. 덩치가 작은 것들은 안쪽 돌기가 작고 많아서 마치 톱날 같다. 그래서 '톱사슴벌레'라는 이름이 붙었다. 큰턱은 암컷을 차지하려고 수컷끼리 싸우거나 먹이를 두고 다른 곤충과 싸울 때 쓴다. 집게 같은 큰턱으로 상대를 잡고 들어올려 던지거나 꽉 물어서 힘을 못 쓰게 한다.

톱사슴벌레는 상수리나무나 졸참나무에서 흘러나오는 진을 먹는다. 과일나무에 모여 과일에서 단물을 핥아 먹기도 한다. 혀가 솔처럼 생겨서 핥아 먹기에 알맞다. 밤에 돌아다니고 불빛에 날아든다. 날아다닌다고 '하늘가재'라고도 하고 턱이 집게 같다고 '집게벌레'라고도 한다.

짝짓기를 마친 암컷은 나무둥치 밑을 파고 알을 하나씩 낳는다. 알을 낳은 자리는 흙으로 덮어서 안 보이게 한다. 애벌레는 죽은 나무속을 파먹으며 자라서 여름에 어른벌레가 된다. 숲이 줄어들면서 사슴벌레도 수가 많이 줄었다.

한살이 [알-애벌레-번데기-어른벌레]

알에서 어른벌레가 되는 데 이삼 년이 걸리는 것 같다. 알은 이 주일쯤 지나면 깨어난다. 애벌레는 내내 나무속에서 살면서 세 번 허물을 벗는다. 봄에 번데기가 된 것은 20일쯤 지나면 어른벌레가 되어 나무 밖으로 나온다. 가을에 번데기가 된 것은 이듬해 봄까지 번데기로 지낸다.

톱사슴벌레 수컷은 몸길이가 23~45mm, 암컷은 23~33mm쯤 된다. 수컷은 큰턱이 6~25mm 남짓이고 암컷은 큰턱이 있는 듯 없는 듯 아주 작다. 몸 색깔은 보통 붉은 밤색이지만 더러는 검은 밤색도 있다. 다 자란 애벌레는 몸길이가 50mm쯤 된다. 번데기 모습이 어른벌레와 아주 비슷하다.

소똥구리

애기뿔소똥구리 *Copris tripartitus* 수컷
1993년 대전 동구

소똥을 먹는 소똥구리 애벌레

소똥구리는 소똥이나 말똥이 있는 곳에서 똥을 먹고 산다. 어른벌레는 똥을 경단처럼 동그랗게 빚어서 미리 파 놓은 굴로 굴려 간다. 그리고 나서 소똥 경단 속에 알을 낳는다. 알에서 깨어난 애벌레는 소똥 경단을 먹고 자란다. 소똥이나 말똥에는 덜 소화된 풀과 함께 영양분이 들어 있다. 소똥구리는 똥을 먹어서 없애 주고, 똥에 파리가 날아오면 쫓아 버린다.

예전에는 소가 지나다니는 길이나 소를 매어 둔 냇가에서 소똥구리가 똥 경단을 굴리는 것을 쉽게 볼 수 있었다. 요즘은 소똥구리를 보기가 아주 힘들어졌다. 소똥구리는 풀을 먹은 소가 눈 똥에서만 산다. 사료를 먹고 눈 똥에는 덜 소화된 풀과 영양분이 없다. 게다가 방부제가 들어 있어서 자칫하면 이것을 먹고 소똥구리가 죽기도 한다. 농약을 많이 치면서 소똥구리가 굴을 파고 사는 땅도 오염되었다. 그래서 이제는 소똥구리가 거의 사라졌다.

우리나라에 가장 많던 소똥구리는 이제 거의 보이지 않는다. 소똥구리 무리 가운데는 사람 똥이나 동물 시체에 모이는 것도 있다.

한살이 [알-애벌레-번데기-어른벌레]

한 해에 한 번 발생한다. 땅속에서 어른벌레로 겨울을 난 뒤 다음 해 봄에 밖으로 나온다. 이른 여름에 땅속에 굴을 파고 소똥을 가져와서 굴속에 밀어넣고 거기에다 알을 낳는다. 애기뿔소똥구리는 소똥에 알을 낳고 나서 소똥 옆에서 알을 지킨다. 알이 깨어나고 애벌레로 자라서 어른벌레가 될 때까지 지켜 준다. 곤충들은 알을 낳고 나면 죽는 것이 많다. 하지만 뿔소똥구리와 소똥구리 무리는 바로 죽지 않고 새끼를 보살펴 준다.

애기뿔소똥구리는 몸길이가 14~16mm이다. 몸이 아주 뚱뚱하다. 온몸이 새까맣고, 반짝반짝 윤이 난다. 수컷은 이마에 기다란 뿔이 있고, 앞가슴등판에도 양옆과 앞쪽에 뿔이 여러 개 있다. 소똥구리도 다른 풍뎅이들처럼 애벌레를 굼벵이라고 한다. 굼벵이는 젖빛이고, 조금 길고 둥근 통 모양이다. 앞가슴등판이 볼록하게 솟아올랐다.

왕풍뎅이

왕풍뎅이 *Melolontha incana* 수컷
1995년 8월 강원도 춘천

왕풍뎅이 애벌레

왕풍뎅이는 다른 풍뎅이들보다 몸집이 크다. 그래서 '왕풍뎅이'라는 이름이 붙었다. 왕풍뎅이는 참나무가 많은 낮은 산에서 산다. 밤나무나 참나무 잎을 먹는데 나무에 해가 될 만큼 많이 먹지는 않는다. 봄부터 가을까지 보이는데 한여름에 많고, 밤에 불빛을 보고 날아온다.

알은 나무가 우거진 숲속의 땅속에다 낳는다. 과수원에 날아와서 알을 낳기도 한다. 애벌레가 깨어나면 땅속에 살면서 나무뿌리를 갉아 먹는다. 애벌레 수가 많아지면 나무가 잘 못 자라고 열매가 굵어지지 못할 정도로 뿌리를 먹어 치운다. 복숭아나무, 배나무, 포도나무에도 자주 날아오는데 수가 많아지면 농사에 해가 된다.

한살이 [알-애벌레-번데기-어른벌레]

알에서 어른벌레가 되는 데 두 해가 걸린다. 첫 해는 어린 애벌레로, 두 번째 해는 다 자란 애벌레로 땅속에서 겨울을 난다. 6월에 땅속에서 흙집을 짓고 번데기가 된다. 6월 말에 날개돋이를 한다. 7월에서 8월 사이에 전등불에 날아드는 일이 잦다. 밤에 짝짓기를 하고 땅속에 들어가 알을 낳는다. 알은 8월에서 9월 사이에 깨어난다.

왕풍뎅이는 몸길이가 30mm 안팎이다.
몸 바탕색은 밤색이나 붉은 밤색이다. 아주 짧고,
잿빛이 도는 누런 털로 온몸이 덮여 있다. 수컷은 더듬이
끝 마디가 무척 크고 길다. 애벌레는 '굼벵이'라고 한다.
구부러져 있으며, 머리는 밤색이고 몸은 젖빛이다.

장수풍뎅이

장수풍뎅이 *Allomyrina dichotoma* 수컷
2000년 8월 서울 노원구

땅속에 낳아 놓은 알   땅속에서 겨울을 나는 애벌레   번데기방 속의 번데기

장수풍뎅이는 우리나라 풍뎅이 가운데 가장 크고, 몸이 단단한 껍질로 싸여 있다. 수컷은 머리에 긴 뿔이 나 있고 가슴등판에도 뿔이 나 있다. 머리 뿔은 사슴 뿔처럼 가지가 있고, 가슴 뿔도 나뭇가지처럼 끝이 갈라졌다.

 장수풍뎅이는 넓은잎나무가 많은 산에서 산다. 해가 지면 참나무에 모여들어 참나무 진을 먹고 짝짓기를 하기도 한다. 장수풍뎅이 혀는 붓처럼 생겨서 나뭇진을 잘 핥아 먹는다. 나무를 옮겨갈 때는 딱딱한 겉날개를 쳐들고 얇은 속날개를 넓게 펴서 날아간다. 장수풍뎅이는 몸집이 커서 날 때 "부르르릉" 하고 요란한 소리가 난다. 밤에 불빛을 보고 날아오기도 한다. 낮에는 나무 틈이나 가랑잎 아래 숨어 있어서 눈에 잘 띄지 않는다. 숨어 있으니 곤충을 잡아먹는 새들에게 들키지도 않는다.

 장수풍뎅이 암컷은 한여름에 썩은 가랑잎이나 두엄 밑으로 파고 들어가 알을 낳는다. 썩고 있는 풀이나 나무는 애벌레 먹이가 되고, 또 따뜻해서 살기에 좋다.

한살이 [알-애벌레-번데기-어른벌레]

한여름에 알을 낳으면 열흘이나 보름쯤 지나서 애벌레가 깨어 나온다. 가을이 되면 허물을 두 번 벗고 세 살이 된다. 곤충은 알에서 깨어나면 한 살이고 허물을 한 번 벗을 때마다 한 살씩 더 먹는다. 두엄에서 땅바닥까지 파고 내려가 땅바닥에 번데기방을 만든다. 그곳에서 번데기가 되어 보름이나 20일쯤 지나면 어른벌레가 된다. 보통 어른벌레가 된 뒤에도 땅속에서 열흘에서 보름쯤 머물렀다가 땅 밖으로 나온다.

장수풍뎅이는 몸길이가 작은 것도 35mm가 넘고, 큰 것은 55mm를 넘는다. 몸은 붉은 밤색이고 뚱뚱하다. 암컷은 수컷보다 색이 더 짙고, 머리와 가슴등판에 뿔이 없다. 알은 길이가 3mm이고 젖빛이다. 시간이 지날수록 점점 커진다. 갓 나온 애벌레는 희고 몸길이가 10mm쯤 된다. 몸에 짧은 털이 조금 나 있다.

풀색꽃무지

풀색꽃무지 *Gametis jucunda*
2000년 9월 경기도 남양주

풀색꽃무지는 우리나라에 사는 풍뎅이 가운데 가장 많다. 몸은 짙은 풀색이고, 등은 평평하다. 화창한 봄날이나 가을날 낮에 여러 마리가 꽃에 모여든다. 꽃 속에 머리를 틀어박고서, 꿀도 먹고 꽃잎과 꽃술도 갉아 먹는다. 봄과 가을에 많이 보이고 한여름에는 드물다.

풀색꽃무지는 산과 들에 피는 온갖 꽃에 모인다. 찔레꽃이나 마타리 꽃이나 맥문동 꽃에 많다. 또 사과나무, 배나무, 복숭아나무, 앵두나무, 포도나무, 밤나무, 귤나무 꽃에도 모여든다. 씨방에 흠집을 내서 열매를 떨어지게 하기도 하고, 열매가 울퉁불퉁하게 자라게 한다. 애벌레는 땅속에 살면서 나무뿌리나 썩은 가랑잎도 먹고, 마른 소똥도 먹는다.

한살이 [알-애벌레-번데기-어른벌레]
어른벌레는 3월에서 11월 사이에 나타난다. 5월 말에서 6월 중순 사이에 가장 많이 나타나고 9월부터 10월 사이에도 많이 나타난다. 가을에는 번데기로 있거나, 번데기를 거쳐 새로 어른벌레가 된 것이 관찰되었다.

풀색꽃무지는 몸길이가 12mm 안팎이다. 몸 색깔은 검고, 등은 평평하고 풀색이다. 앞가슴등판과 딱지날개에 누르스름한 작은 무늬들이 흩어져 있다. 온몸에 누런 털이 나 있다. 등이 아주 어두운 풀색이거나 붉은색이 섞인 것도 있고, 새까만 것도 있다. 머리방패판 앞쪽은 'V' 모양으로 깊게 파였다.

점박이꽃무지

점박이꽃무지 *Protaetia orientalis submarmorea*
1996년 5월 경기도 남양주

점박이꽃무지는 여름날 낮에 흔하고 잘 날아다닌다. 4월부터 9월까지 볼 수 있는데 6월에서 8월 사이에 가장 많이 보인다. '꽃무지'도 풍뎅이의 한 종류인데 등과 딱지날개에 흰무늬가 흩어져 있다. 꽃무지는 꽃에 잘 모이는데 점박이꽃무지들은 꽃보다는 나뭇진이 흘러나오는 나무줄기나 새가 쪼아서 흠집이 난 과일에 더 잘 모인다. 다른 풍뎅이들은 밤에 돌아다니는 것이 많지만 꽃무지들은 낮에 돌아다니는 것이 많다. 그래서 아이들이 흔히 '풍뎅이'라고 하면서 잡아 가지고 노는 것은 거의 다 점박이꽃무지거나 '풍이'다.

점박이꽃무지는 예전에는 초가지붕 속이나 두엄 더미 속에 알을 낳았다. 두엄 더미 속은 따뜻하고 축축한 데다 먹을 것이 많아서 애벌레가 살기 좋다. 애벌레는 썩은 풀이나 가랑잎을 먹는다. 애벌레는 등에 털이 있고 다리가 짧다. 누워서 등에 난 털로 기는데 다른 굼벵이들보다 빨리 긴다.

한살이 [알-애벌레-번데기-어른벌레]
알에서 어른벌레가 되는 데 한 해나 두 해가 걸리는 것으로 짐작된다. 한살이에 대해 자세히 알려지지 않았다.

점박이꽃무지는 몸길이가 20~25mm이고 등이 넓적하다. 빛깔은 풀색이고 윤이 난다. 조금 붉거나 엷은 밤색인 것도 있다. 머리방패판의 앞쪽은 위쪽으로 휘어져 올라갔고, 가운데는 안쪽으로 파였다. 딱지날개에는 작지만 칼로 파낸 듯이 또렷한 반달 모양 홈이 많다. 앞가슴등판과 딱지날개에 흰무늬가 흩어져 있다.

반딧불이

애반딧불이 *Luciola lateralis*
1997년 6월 전북 부안

밤에 불을 밝힌 반딧불이

반딧불이는 배 뒤쪽에서 불빛을 낸다. 여름밤에 여러 마리가 떼지어 불빛을 깜박이며 난다. 풀잎에 앉아 있기도 하고 짝을 찾아 날기도 한다. 느리게 날아서 아이들도 손으로 잡을 수 있을 정도다. 반딧불이가 내는 불빛은 다른 불빛처럼 뜨겁지 않다.

　반딧불이는 논이나 개울이나 골짜기 가까이에서 산다. 물가에 알을 낳고 애벌레 때 물속에서 산다. 애벌레는 다슬기와 달팽이를 잡아먹는다. 농약을 치며 농사를 짓기 전에는 어디서나 볼 수 있었지만, 지금은 거의 다 사라졌다. 물이 맑고 공기도 맑은 곳을 찾아가야 볼 수 있다. 요즘은 귀해져서 반딧불이가 많이 사는 곳을 천연기념물이나 보호 구역으로 정해서 보호하고 있다.

　전라북도에 있는 '무주 설천면 일원의 반딧불이와 그 먹이(다슬기) 서식지'는 1982년에 천연기념물로 정했다. 그러나 그곳마저도 사람들이 물을 더럽혀서 다슬기와 반딧불이 애벌레가 줄어들고 있다고 한다.

한살이 [알-애벌레-번데기-어른벌레]
어른벌레가 한 해에 한 번 생긴다. 암컷은 여름에 짝짓기를 하고 이삼 일 뒤 물가나 논둑 둘레의 이끼나 풀뿌리에 알을 300~500개쯤 낳는다. 알에서 나온 애벌레는 물속에 들어가 살다가 겨울이 되면 물이 얕은 곳이나 물이 말라붙은 논바닥 속에서 겨울잠을 잔다. 이듬해 늦은 봄에 땅 위로 올라와 흙으로 고치를 만들고 그 속에서 번데기가 된다. 열흘쯤 지나면 어른벌레가 된다.

애반딧불이는 몸길이가 10mm쯤 된다. 몸은 검다.
앞가슴등판은 붉그스름하고 가운데에는 굵고 검은 줄이 있다. 알은 동그랗고 노르스름하다. 크기가 아주 작다.
애벌레는 20mm쯤 되고 머리 부분에 검은 줄무늬가 있다.

칠성무당벌레

칠성무당벌레 *Coccinella septempunctata*
1998년 11월 경기도 남양주

잎 뒷면에 낳아 놓은 알   진딧물을 잡아먹는 애벌레   번데기

칠성무당벌레는 주홍빛 딱지날개에 까만 점이 일곱 개 있다. 그래서 예전에는 '칠점박이무당벌레'라고 했는데 지금은 짧게 '칠성무당벌레'라고 한다. 이른 봄부터 가을 사이에 진딧물이 있는 곳이면 어디서나 쉽게 볼 수 있다. 어른벌레가 사는 곳에는 까맣고 길쭉한 애벌레가 많다. 애벌레와 어른벌레는 영 다르게 생겼지만 모두 진딧물을 잡아먹고 산다. 고추나 보리 같은 채소와 곡식에 꼬이는 진딧물도 먹고 사과나무나 배나무 같은 과일나무에 꼬이는 진딧물도 잡아먹는다. 진딧물을 잡아먹어서 농사에 큰 도움을 준다. 애벌레로 두 주쯤 사는데 애벌레 한 마리가 진딧물을 400~700마리쯤 잡아먹는다. 이렇게 남을 잡아먹는 동물을 '천적'이라고 한다. 무당벌레 무리는 진딧물의 천적이다.

한살이 [알-애벌레-번데기-어른벌레]
한 해에 네다섯 번까지도 발생한다. 한 해에 한 부모로부터 아들, 손자, 증손자, 고손자까지 태어나는 셈이다. 어른벌레로 겨울을 난다. 봄이 되면 짝짓기를 해서 알을 낳는다. 알은 진딧물이 많은 곳에 한 자리에 30~40개쯤 낳는다. 알을 낳은 지 사나흘쯤 지나면 애벌레가 깨어난다. 애벌레는 두 주쯤 지나면 번데기가 된다. 번데기는 일주일쯤 지나면 어른벌레가 된다.

칠성무당벌레는 몸길이가 6~7mm이다. 몸은 까맣다.
딱지날개는 주홍색이고 크고 뚜렷한 까만 점이 일곱 개 있다.
딱지날개 밑에 얇은 뒷날개 한 쌍이 접혀 있다. 머리에는
큰턱이 있어서 큰턱으로 먹이를 물거나 씹어 먹는다.

큰이십팔점박이무당벌레

큰이십팔점박이무당벌레 *Henosepilachna vigintioctomaculata*
2000년 7월 경기도 의정부

애벌레

큰이십팔점박이무당벌레는 다른 무당벌레보다 등이 높고, 아주 짧은 흰 털이 온몸을 덮고 있다. 딱지날개는 붉은 밤색인데 까만 점이 스물여덟 개나 있다. '이십팔점박이무당벌레'도 마찬가지다.

큰이십팔점박이무당벌레와 이십팔점박이무당벌레는 아주 비슷하고 둘 다 밭에 심어 놓은 감자나 가지의 잎에 많다. 가랑잎 속에서 어른벌레로 겨울을 나고 봄이 되어 나타난 것이다. 여름이 다가오면 알과 애벌레, 번데기를 한꺼번에 볼 수 있다. 잎을 갉아 먹은 자리는 처음에는 하얗다가 점점 누렇게 되면서 말라 죽는다. 다른 무당벌레들은 채소 해충인 진딧물을 잡아먹어서 농사에 이롭지만, 이 무당벌레 무리는 애벌레나 어른벌레가 채소 잎을 갉아 먹는 해충들이다.

무당벌레 무리는 우리나라에는 91종이 알려져 있는데 아주 작아서 몸길이가 2mm밖에 안 되는 종도 여럿 있다. 우리나라에서 가장 흔한 것은 '칠성무당벌레'와 '무당벌레'다. 두 종 모두 진딧물을 잡아먹는다.

한살이 [알-애벌레-번데기-어른벌레]

한 해에 세 번 발생한다. 한 해에 어머니, 딸, 손녀가 모두 나오는 셈이다. 가랑잎이나 풀더미 속에서 어른벌레로 겨울을 난다. 봄에 나와서 잎을 갉아 먹고 잎 뒷면에 알을 낳는다. 한 자리에 30개씩 모두 400~500개쯤 낳는다. 나흘쯤 지나면 알에서 애벌레가 깨어난다. 애벌레는 두세 주가 지나면 번데기가 되고, 번데기는 5일쯤 지나서 어른벌레가 된다.

큰이십팔점박이무당벌레는 몸길이가 6~8mm이다. 몸은 밤색인데 조금 누런 것도 있고 붉은 것도 있다. 잔털로 덮여 있다. 딱지날개에 점이 28개 있다. 가슴등판에도 검은 무늬가 있다.

가뢰

애남가뢰 *Meloe auriculatus* 수컷
1999월 11월 경기도 남양주

나뭇잎 위에 있는 애남가뢰 수컷
1999년 11월 경기도 남양주

가뢰는 땅 위나 나뭇잎, 꽃 위를 기어다니면서 잎과 꽃과 줄기를 갉아 먹고 산다. 몸 빛깔은 검푸른색이고, 배가 유난히 크고 뚱뚱하다. 배가 뚱뚱하지 않고 길고 원통 모양인 것도 있다. 앞날개는 아주 작고, 뒷날개가 없어서 날지 못한다. 보통 한낮에는 숨어 있다가 아침이나 저녁때쯤 천천히 기어서 돌아다닌다. 애벌레는 보통 땅속에 사는데 아주 어렸을 때는 메뚜기 알을 먹는 종류가 많고 벌이 낳은 알을 먹고 사는 종류도 있다. 조금 자라면 다른 곤충 알이나 애벌레를 잡아먹는다.

　가뢰는 옛날부터 여러 나라에서 약으로 써 왔다. 조선 시대에 나온 《향약집성방》과 《동의보감》에는 가뢰를 '반묘'라 하고 약으로 쓰는 법을 일러 놓았다. 머리와 날개와 발은 독이 많아서 떼 버리고 찹쌀과 함께 쌀이 벌겋게 될 때까지 볶아서 쓴다. 날 것을 먹으면 토하고 설사도 하기 때문에 반드시 익혀서 약으로 쓴다. 부스럼이나 옴이나 버짐을 낫게 하고, 오줌을 잘 누게 한다. 가뢰는 딱지날개 속에 독이 있어서 많이 먹으면 죽을 수도 있다.

한살이 [알-애벌레-번데기-어른벌레]
땅속에 구멍을 파고 알을 낳는다. 애벌레는 여러 차례 허물을 벗고 번데기를 거쳐서 어른벌레가 된다. 애벌레가 허물을 벗을 때마다 생김새가 다르다.

애남가뢰는 몸길이가 7~20mm이다. 날개가 배보다 짧다. 온몸이 검고 조금 푸르스름한 빛을 띤다. 어른벌레는 늦가을에나 볼 수 있고, 애벌레에 대해서는 알려진 것이 없다.

톱하늘소

톱하늘소 *Prionus insularis* 수컷
1995년 8월 경기도 장흥

톱하늘소는 톱사슴벌레만큼 몸집이 크고 새카맣다. 앞가슴 양옆에 커다란 톱날 같은 것이 삐죽삐죽 나와 있고 더듬이도 톱날 같아서 '톱하늘소'라는 이름이 붙었다. 하늘소들은 보통 더듬이가 제 몸보다 훨씬 길고 굵은 끈처럼 생겼다. 톱하늘소는 더듬이가 제 몸보다 짧고 톱날 같아 보인다.

톱하늘소는 큰 나무가 우거진 깊은 산속에 산다. 어른벌레는 5월에서 9월까지 보이는데 한여름에 더 많이 보인다. 낮에는 나무줄기에 난 구멍이나 틈에 숨어 있다가 밤이 되면 나와서 나뭇잎 위에 앉아 있거나 수풀 사이를 날아다닌다. 손으로 잡으면 "끼이 끼이" 하고 소리를 낸다. 등불에도 날아온다. 애벌레는 살아 있는 나무나 죽은 나무속을 파먹고 산다. 소나무, 잣나무, 편백나무 같은 바늘잎나무와 느릅나무, 느티나무, 아그배나무 같은 넓은잎나무에 두루 산다.

한살이 [알-애벌레-번데기-어른벌레]
아직 한살이가 자세하게 밝혀지지 않았다.

톱하늘소는 몸길이가 23~48mm이다. 몸은 윤이 나는 검은색이다. 더러는 검은 밤색도 있다. 앞가슴등판 양쪽 톱날처럼 튀어나와 있다. 더듬이도 마디마다 끝이 넓어서 톱날 같아 보인다. 다른 하늘소는 더듬이가 11마디인데 톱하늘소만 12마디다.

꽃하늘소

남색초원하늘소 *Agapanthia pilicornis*
1995년 6월 강원도 춘천

긴알락꽃하늘소 *Leptura arcuata*
1999년 5월 경기도 남양주

찔레꽃을 먹는 긴알락꽃하늘소
1999년 5월 경기도 남양주

꽃하늘소 무리는 꽃에 모여서 꽃잎을 뜯어 먹고, 꽃술을 파먹는다. 다른 하늘소에 견주면 크기가 작고 종류가 많다. 몸길이가 어쩌다 30mm쯤 되는 것도 있지만 대개 10~20mm밖에 안 된다. 다른 하늘소는 밤에 돌아다니는데 꽃하늘소는 낮에 돌아다니고, 이 꽃에서 저 꽃으로 잘 날아다닌다. 그래서 꽃이 많이 피어 있는 산이면 쉽게 볼 수 있다. 애벌레 때는 풀 줄기나 나무속을 파먹고 산다.

'긴알락꽃하늘소'는 몸에 노란 줄무늬가 있다. 5월부터 8월까지 산에 피는 갖가지 꽃에 날아오는데 5월에 가장 흔하다. 애벌레는 죽은 두릅나무나 졸참나무 속을 파먹고 산다. '남색초원하늘소'는 산어귀에서도 보인다. 몸은 새카맣지만 딱지날개는 검푸른색이다. 온몸이 검은 털로 덮여 있다. 더듬이에도 털이 있고 먼지떨이 같은 털다발이 있다. 6월에서 7월에 나타나서 노랑원추리 줄기와 잎을 먹는다.

한살이 [알-애벌레-번데기-어른벌레]
아직 한살이가 자세하게 밝혀지지 않았다.

남색초원하늘소는 몸길이가 11~16mm이다. 가늘고 긴 둥근 통 모양이다. 몸은 새카맣고, 딱지날개는 검푸른색이다. 온몸이 검은 털로 덮였다. 더듬이는 길고, 첫째 마디와 셋째 마디에 검은 털다발이 있다.

긴알락꽃하늘소는 몸길이가 12~18mm이다. 몸이 가늘고 길다. 딱지날개 앞쪽이 넓고 뒤로 갈수록 좁아진다. 빛깔은 검정색인데 딱지날개에 노란 무늬가 네 쌍 있다.

하늘소

하늘소 *Massicus raddei*
1995년 8월 강원도 횡성

나무줄기 속에서 사는 애벌레와 번데기

하늘소는 장수하늘소 다음으로 우리나라에서 큰 하늘소다. 몸집이 커서 장수하늘소라고 잘못 알기도 한다. 하늘소는 늦봄부터 가을까지 보이는데 여름에 많다. 밤에 돌아다니고, 불빛에 날아온다. 마을 가까운 낮은 산에도 사는데 굵은 참나무가 있어야 한다. 살아 있는 참나무나 밤나무에 알을 낳기 때문이다. 참나무에 살아서 '참나무하늘소'라고도 한다.

어른벌레는 나무껍질을 입으로 물어뜯고, 나무줄기 속에 알을 하나씩 낳는다. 애벌레가 깨어나면 나무속을 파먹고 산다. 어릴 때는 연한 나무속을 갉아 먹다가 자라면서 점점 줄기 한가운데로 뚫고 들어간다. 그러다 보면 나무는 말라 죽거나 바람에 부러지고 만다. 옛날에 전라도에서는 하늘소를 '뺌나무벌비'라고 하여 머리에 상처가 나서 곪았을 때 약으로 썼다. 어른벌레와 애벌레를 모두 다 썼다.

한살이 [알-애벌레-번데기-어른벌레]
한살이가 자세히 밝혀져 있지 않다. 알에서 어른벌레가 되기까지 두세 해쯤 걸리는 것으로 짐작된다. 애벌레는 나무속을 파먹고 산다. 나무속에서 번데기를 거쳐 어른벌레가 된 다음에 나무 밖으로 나온다.

하늘소는 몸길이가 34~57mm쯤 된다. 몸은 가늘고 긴 통 모양이다. 본디 몸은 까맣거나 검은 밤색인데 누런 털이 덮고 있어서 누렇게 보인다. 앞가슴등판에 가로로 주름들이 있다. 날개는 끝이 둥글고, 딱지날개 안쪽 끝은 짧은 가시처럼 뾰족하다.

뽕나무하늘소

뽕나무하늘소 *Apriona germari*
1995년 7월 전북 부안

뽕나무하늘소는 장수하늘소나 하늘소처럼 눈에 띄게 몸집이 크다. 하늘소와 비슷하게 생겼는데 크기가 작고, 빛깔도 다르다.

뽕나무하늘소는 뽕나무, 사과나무, 배나무, 버드나무, 귤나무, 무화과나무, 느릅나무, 포플러, 녹나무, 오동나무, 벚나무, 해당화 같은 넓은잎나무를 먹고 산다. 여름에 새로 난 나뭇가지 껍질이나 과일을 물어뜯고 즙을 빨아 먹는다. 밤에는 불빛을 보고 날아오기도 한다. 암컷은 큰 나무에서 아직 한두 해밖에 자라지 않은 가는 가지를 골라 껍질을 물어뜯고 그 속에 알을 하나씩 낳는다. 그래서 나무껍질에 자국이 남는다. 알에서 깨어난 애벌레는 나무속을 파먹으면서 자란다. 뽕나무하늘소는 사과나무나 무화과나무에 알을 많이 낳는다. 나무속에 뽕나무하늘소 애벌레가 살면 나무가 약해지고 심할 때는 나무가 말라 죽는다.

한살이 [알-애벌레-번데기-어른벌레]
알에서 어른벌레가 되는 데 두 해가 걸린다. 어른벌레는 7월 중순에서 8월 사이에 한 자리에 하나씩 알을 70개쯤 낳는다. 열흘쯤 지나면 애벌레가 깨어나서 나무속을 파먹는다. 나무줄기 속에서 애벌레로 겨울을 난다. 두 해째 겨울을 나고 이듬해 늦은 봄에 번데기가 된다. 번데기로 두세 주를 보내고 여름에 어른벌레가 된다. 7월 말에 가장 많이 나타난다.

뽕나무하늘소는 몸길이가 35~45mm이다. 몸은 잿빛이나 푸른빛이 도는 누런 밤색 털로 덮여 있다. 앞가슴등판 양옆에는 뾰족한 가시가 있고, 딱지날개 앞쪽에 작은 알갱이들이 우툴두툴 나 있다. 수컷은 더듬이가 몸길이보다 조금 길고 암컷은 조금 짧다.

잎벌레

사시나무잎벌레 *Chrysomela populi*
1999년 4월 경기도 남양주

청줄보라잎벌레 *Chrysolina virgata*
1996년 6월 경기도 연천

잎벌레는 무당벌레와 비슷하게 생긴 작은 딱정벌레다. 모두 다 풀잎이나 나뭇잎을 갉아 먹는다. 줄기만 남기거나 잎맥만 그물처럼 남기고 다 먹어 치우는 잎벌레도 있다. 애벌레도 잎을 먹는데 더러는 뿌리를 갉아 먹는 것도 있다.

'청줄보라잎벌레'는 우리나라에 사는 잎벌레 가운데 가장 크다. 어른벌레는 봄부터 가을까지 보이는데 6월에 가장 많다. 층층이꽃, 들깨, 쉽싸리 같은 꿀풀과에 딸린 풀을 갉아 먹는다.

'사시나무잎벌레'도 잎벌레 중에서 몸집이 큰 편이다. 봄부터 가을까지 보이는데 5월이나 6월에 가장 흔하다. 사시나무, 황철나무, 버드나무 잎을 갉아 먹는다. 어른벌레로 겨울을 나고, 봄에 나뭇잎에 알을 낳는다. 6월쯤 애벌레가 깨어나서 잎을 갉아 먹기 시작한다. 애벌레가 갉아 먹고 난 자리는 잎맥만 남기 때문에 잎이 촘촘한 그물처럼 된다. 어른벌레나 애벌레나 건드리면 모두 고약한 냄새가 나는 희뿌연 물을 내놓는다.

잎벌레는 보통 풀색이나 짙푸른색이 많고, 더듬이는 끈처럼 길다. 생김새는 저마다 다르다. 몸이 조금 길고, 앞가슴이 좁아서 하늘소처럼 보이는 것도 있다.

한살이 [알-애벌레-번데기-어른벌레]
아직 한살이가 자세하게 밝혀지지 않았다.

사시나무잎벌레는 몸길이가 11mm쯤 된다. 몸은 광택이 도는 검은빛이거나 짙푸른빛이 감돈다. 딱지날개는 붉은 밤색이다.

청줄보라잎벌레는 몸길이가 11~15mm이다. 몸이 까맣지만 등쪽은 푸른빛과 붉은빛 광택이 있다. 보는 각도에 따라서 빛깔이 다르게 보인다. 위에서 내려다보면 붉은 줄이 두 줄 보인다. 등에는 큰 홈들이 많이 파여서 곰보처럼 보인다. 앞가슴과 딱지날개의 양옆은 홈이 더 크다.

거위벌레

왕거위벌레 수컷
1996년 5월 서울 노원구 불암산

왕거위벌레 *Paracycnotrachelus longiceps* 암컷
1996년 5월 경기도 연천

거위벌레는 넓게 보면 바구미 무리에 속하는 딱정벌레다. 머리 뒤쪽이 길게 늘어나 마치 거위 목처럼 보여 거위벌레라고 한다. 바구미는 주둥이가 길게 늘어난 것이고, 거위벌레는 주둥이는 조금 늘어나고 머리 뒤쪽이 많이 늘어난 것이다. 그렇지만 거위벌레 암컷은 머리가 조금밖에 늘어나지 않았다.

거위벌레는 큰 나무가 자라는 산에 많다. 늦봄이나 이른 여름에 산에 가면 거위벌레가 말아 놓은 나뭇잎 뭉치가 나뭇잎에 매달려 있거나 길에 떨어져 있는 것을 볼 수 있다. 거위벌레 암컷은 나뭇잎 한 장을 돌돌 말거나 나뭇잎 몇 장을 같이 말고 그 속에 알을 낳는다. 걸음걸이로 나뭇잎 길이를 재고 날카로운 큰턱으로 가운데 잎맥만 두고 잎을 가로로 자른다. 잎을 물어서 단단하게 접히도록 흠집을 내고, 다리 여섯 개로 꼭꼭 누르면서 돌돌 말아 올린다. 애벌레가 깨어나면 어미가 말아 놓은 나뭇잎을 갉아 먹고 자란다. 애벌레는 그 속에서 번데기를 거쳐서 어른벌레가 된다. 다 자란 거위벌레는 먹던 나뭇잎 뭉치를 뚫고 밖으로 나온다.

한살이 [알-애벌레-번데기-어른벌레]
알을 낳은 지 네댓새가 지나면 애벌레가 깨어나 말아 놓은 잎을 먹는다. 열흘쯤 지나면 번데기가 되고 다시 일주일이 지나면 어른벌레가 된다. 애벌레는 구더기처럼 생겼다. 다리가 없고 머리가 단단하다.

왕거위벌레 암컷은 몸길이가 7~8mm이고
수컷은 9~12mm다. 암컷이 뒷머리 길이가 짧아서
몸길이도 짧다. 둘 다 색깔은 붉은 밤색인데 조금 엷은 것도
있고 아주 짙어서 검붉은 밤색인 것도 있다. 머리나 가슴이나
다리가 붉은 것도 있고 까만 것도 있다.

배자바구미

배자바구미 *Sternuchopsis trifidus*
1996년 8월 경기도 남양주

칡 줄기에서 알 낳을 곳을 찾는 배자바구미

배자바구미는 칡넝쿨이나 칡잎에 잘 앉아 있다. 크기가 작고 통통한데 빛깔은 검은색과 흰색이 얼룩덜룩하게 섞여 있다. 주둥이가 몸에 견주어 길지만 보통 때는 주둥이를 머리 밑으로 바짝 구부리고 있어서 위에서는 보이지 않는다. 게다가 몸통과 딱지날개가 울퉁불퉁해서 웅크리고 있으면 꼭 새똥처럼 보인다. 배자바구미는 새똥처럼 생겨서 자기를 잡아먹는 새나 다른 동물의 눈을 피할 수 있다. 이처럼 둘레에 있는 환경이나 다른 생물을 닮아서 위기를 벗어나는 것은 '의태'라고 한다.

배자바구미는 이른 봄부터 늦가을까지 볼 수 있고 6월에 가장 흔하다. 주둥이로 칡 줄기에 구멍을 내고 그 속에 알을 낳는다. 애벌레는 칡 줄기 속에서 깨어나 줄기 속을 파먹고 산다. 애벌레가 들어 있는 곳은 칡 줄기가 볼록하게 부풀어 있다. 애벌레는 그 속에서 번데기가 되고, 어른벌레가 되어 겨울을 난다. 봄이 되면 칡 줄기에서 나와 짝짓기를 한다.

적을 만나면 죽은 척하여 위기를 넘기는 곤충들이 있다. 딱정벌레 가운데에서 바구미가 이런 짓을 많이 한다. 죽은 척하는 것은 실제로 잠깐 동안 기절해 있는 것이라고 한다.

한살이 [알-애벌레-번데기-어른벌레]
아직 한살이가 자세하게 밝혀지지 않았다.

배자바구미는 주둥이를 뺀 몸길이가 9~10mm쯤 된다.
주둥이는 2mm쯤 된다. 몸이 통통하고 검다. 뒤쪽과 앞가슴의
양옆은 흰색이다. 가슴과 딱지날개가 울퉁불퉁하다.
다리에서 넓적다리마디는 굵은데 안쪽에는 뾰족한 이빨 모양
돌기가 하나씩 있다.

밤바구미

밤바구미 *Curculio sikkimensis*
1998년 8월 서울 노원구

밤송이에서 알을 낳을 곳을 찾는 밤바구미

밤을 파먹는 애벌레

밤바구미는 밤나무 해충이다. 애벌레가 밤을 파먹는다. 1960년대부터 밤나무를 많이 심어 기르면서 밤바구미도 부쩍 늘었다. 밤바구미는 여물어 가는 밤송이에 알을 깐다. 긴 주둥이로 밤껍질 속까지 구멍을 뚫고 산란관을 꽂아 알을 낳는다. 알에서 깨어난 애벌레는 밤을 파먹으면서 자란다. 다 자라면 밤껍질에 둥근 구멍을 뚫고 밖으로 나온다. 밤바구미는 참나무 열매인 도토리나 붉가시나무 열매에도 알을 낳는다.

밤바구미 애벌레가 든 밤은 겉이 멀쩡해서 밤을 쪼개 보거나 애벌레가 구멍을 뚫고 밖으로 나오기 전에는 밤바구미가 들었는지 알 수 없고, 밤이 상했는지도 알 수가 없다. 밤을 따서 두어도 줄곧 파먹는다. 밤을 오래 두고 먹으려면 먼저 밤을 물에 담가서 물에 뜨는 것을 골라낸다. 애벌레가 먹은 밤은 속이 썩어서 독한 냄새를 풍긴다. 9월 말이 지나서 밤을 거두면 피해가 더 크다.

한살이 [알-애벌레-번데기-어른벌레]
어른벌레는 8월 중순에서 9월 중순 사이에 가장 많이 볼 수 있다. 15~23일쯤 산다. 밤을 거두기 20일쯤 전부터 밤 속에 알을 낳는다. 애벌레는 밤 속에서 한 달쯤 살고 밖으로 나온다. 밖으로 나온 애벌레는 땅속으로 들어가 겨울을 난다. 땅속에서 두 해 넘게 애벌레로 살기도 한다. 겨울을 난 애벌레는 번데기를 거쳐 여름에서 가을 사이에 어른벌레가 되어 땅 위로 올라온다.

밤바구미는 주둥이를 뺀 몸길이가 6~10mm다. 주둥이는
아주 가늘고 길어서 5mm쯤 된다. 온몸이 비늘처럼 생긴 털로
빽빽하게 덮여 있다. 잿빛이 나는 노란 털인데 짙은 밤색
털이 섞여 있어서 무늬처럼 보인다.

쌀바구미

쌀바구미 *Sitophilus oryzae*
1997년 7월 경북 청송

쌀에 꼬인 쌀바구미

쌀바구미는 갈무리해 둔 쌀이나 보리나 밀이나 수수나 옥수수에 꼬이는 해충이다. 쌀 알갱이보다 작고 몸 빛깔은 검은 밤색이다. 쌀통 속에서 기어다니면서 낟알을 갉아 먹고, 낟알 속에 알을 낳는다. 어른벌레는 석 달에서 넉 달을 살면서 알을 백 개가 넘게 낳는다. 그대로 두면 쌀통 속에서 어른벌레가 거듭 태어나면서 수가 늘어난다. 따뜻하고 습도가 높은 곳, 바람이 잘 통하지 않고 햇볕이 잘 들지 않는 곳에서 아주 빨리 퍼진다. 무더운 여름에는 수가 더 늘어난다.

쌀바구미가 먹은 쌀은 속이 비어서 잘 부스러지고, 밥을 하면 맛이 없다. 쌀바구미는 어두운 곳을 좋아하고 햇빛을 싫어한다. 쌀바구미가 꼬인 쌀을 햇볕에 널어 두면 어른벌레가 기어 나가고 낟알 속에 있는 애벌레도 죽는다. 서늘한 곳에 쌀통을 두어도 쌀바구미가 잘 꼬이지 않는다. 또 붉은 고추나 마늘을 쌀통에 넣어 두면 쌀바구미가 덜 생긴다.

한살이 [알-애벌레-번데기-어른벌레]
한 해에 서너 번 발생한다. 어른벌레는 늦가을에 곡식 틈이나 그 둘레에서 겨울잠을 잔다. 애벌레나 알로 겨울을 나기도 한다. 5월쯤에 깨어나 짝짓기를 하고, 낟알에 구멍을 뚫고 알을 하나씩 낳는다. 알에서 깨어난 애벌레가 다 자라면 낟알 속에서 번데기가 된다. 어른벌레는 100~120일쯤 살면서 알을 150개쯤 낳는다. 겨울을 나는 것은 200일 넘게 살기도 한다.

쌀바구미는 몸길이가 2~3mm쯤 된다. 빛깔은 검은 밤색이나 붉은 밤색이다. 등에 세로로 얽은 자국이 많고 겉날개에 노르스름한 점이 네 개 있다. 수컷은 주둥이가 짧고 뭉툭하며, 등이 거칠어 보인다. 암컷은 주둥이가 가늘고 길며 등이 반질반질하다.

일본왕개미

일본왕개미 *Camponotus japonicus* 일개미
2000년 5월 서울 노원구

일본왕개미는 우리나라에 사는 개미 가운데 가장 크다. 운동장이나 마당 같은 양지바른 땅속에 굴을 파고 산다. 돌 밑이나 나무줄기 안에서 살기도 한다. 진딧물이 많은 밭에서도 흔히 볼 수 있다. 일본왕개미는 진딧물이 꽁무니에서 내는 달콤한 물이나 봉선화와 벚나무 같은 식물의 잎과 줄기에서 나오는 단물을 먹는다. 다른 곤충이나 여러 가지 애벌레를 잡아먹기도 한다.

일본왕개미는 한 집에서 여왕개미 한 마리와 천 마리가 넘는 일개미가 함께 산다. 여왕개미는 수개미와 짝짓기를 마치고 나면 날개를 끊어 내고 돌 밑에 굴을 파거나 나무속에 들어가 알을 낳는다. 여왕개미는 알이 깰 때까지 잘 보살피며 거의 먹지 않고 지내는데 가끔 자기가 낳은 알을 먹는다. 여왕개미와 짝짓기를 하고 나면 수개미는 죽는다. 일개미는 알과 애벌레를 돌보고 먹이 나르는 일을 맡아 한다. 일본왕개미 집에는 다른 일개미들보다 머리와 몸집이 큰 일개미가 있는데, 이런 개미들을 '병정개미'라고도 한다.

한살이 [알-애벌레-번데기-어른벌레]
4월 초에서 11월 초까지 움직이고 어른벌레로 겨울잠을 잔다. 6월쯤 짝짓기를 한다. 여왕개미는 한 번에 알을 수십 개에서 수백 개까지 낳는다. 애벌레가 깨어나면 번데기를 거쳐 어른개미가 된다. 알에서 어른벌레가 되기까지 한두 달쯤 걸린다. 일개미는 몇 달밖에 못 살지만 여왕개미는 십여 년쯤 살기도 한다.

여왕개미는 몸길이가 18mm쯤이다. 알을 배면 배가 부풀어
더 커진다. 수개미는 12mm, 일개미는 6~15mm쯤 된다.
여왕개미와 수개미는 날개가 있다. 짝짓기를 한
여왕개미는 날개를 떼어 낸다. 일개미와 여왕개미는 더듬이가
'ㄱ' 모양이고 수개미는 짧고 반듯하다.

곰개미

곰개미 *Formica japonica* 일개미
2000년 4월 서울 노원구

함께 먹이를 나르는 곰개미들
2000년 4월 서울시 노원구

곰개미는 땅속에 굴을 파고 산다. 마당이나 운동장이나 양지바른 풀밭에서 흔히 보인다. 곰개미는 일본왕개미보다 크기가 조금 작다. 일본왕개미와 사는 곳이 비슷해서 함께 보일 때가 많다. 곰개미는 진딧물이 내는 달콤한 물을 먹거나 나방 애벌레를 잡아먹는다. 살아 있는 먹이는 배 끝에서 개미산을 쏘아서 잡는다. 크기가 작은 먹이는 일개미 한 마리가 옮기고 큰 것은 여러 마리가 함께 나른다. 곰개미도 다른 개미들처럼 여왕개미, 수개미, 일개미가 모여 산다. 보통 여왕개미 한 마리와 일개미 수백 마리가 한데 산다. 일개미가 만 마리를 넘을 때도 있다. 한 집에 여왕개미가 여러 마리 있을 때도 더러 있다.

곰개미는 불개미 무리에 든다. 집에서 흔히 보는 개미는 '애집개미'라고 하는 작은 개미다. 어떤 사람들은 '불개미'라고도 하는데 불개미가 아니다. 애집개미 일개미는 몸길이가 2mm쯤으로 아주 작다. 색깔은 연한 밤색이며 배 아래는 검다. 부엌이나 방에 떨어진 과자나 음료수나 밥알이 있으면 떼 지어 모여든다.

한살이 [알-애벌레-번데기-어른벌레]

4월 초부터 11월 초까지 움직인다. 어른벌레로 겨울을 난다. 여왕개미와 수개미는 7월 중순부터 8월 중순쯤에 짝짓기를 한다. 여왕개미는 한 번에 알을 수십에서 수백 개씩 낳는다. 알에서 깨어난 애벌레는 번데기를 거쳐 어른개미가 되는데 알에서 어른벌레가 될 때까지 한 달쯤 걸린다. 일개미는 몇 달쯤 살다 죽지만 여왕개미는 길게는 십여 년쯤 살기도 한다.

여왕개미는 몸길이가 13mm쯤인데 알을 배면 배가 부풀어서 더 커진다. 수개미는 11mm쯤이며, 일개미는 4~11mm이다. 몸은 잿빛이 도는 검은색이며, 배에는 은백색 털이 있어서 햇빛을 받으면 은색으로 보인다.

호리병벌

애호리병벌 *Eumenes pomiformis* 암컷
1998년 8월 경기도 남양주

집 속에 낳은 알

호리병벌은 무리지어 살지 않고 혼자 산다. 들이나 풀이 많은 곳에서 산다. 여러 가지 꽃에서 꿀과 꽃가루를 먹는다. 호리병벌은 집을 호리병 모양으로 짓는다. 여름에 개울이나 냇가에 있는 진흙을 둥글게 뭉쳐서 입으로 물고 날아가 풀 줄기나 나뭇가지에 붙여 집을 만든다. 하루 동안 집을 만들고 그 안에 알을 하나 낳는다. 알 한쪽 끝을 집 안 벽에 붙여 놓고 나비나 나방 애벌레를 잡아 집에 가득 채우고 구멍을 막는다. 호리병벌은 또 다른 곳에 가서 여러 번 집을 짓는다. 어미벌이 애벌레를 따로 돌보지는 않는다.

애벌레가 깨어나면 집 안에서 어미벌이 넣어 둔 먹이를 먹으며 자란다. 애벌레는 몸이 집 안에 꽉 찰 만큼 다 자라면 입에서 실을 토해 그물을 치고 번데기가 된다. 어른벌레가 되면 턱으로 흙벽을 갉아 내고 빠져나온다.

한살이 [알-애벌레-번데기-어른벌레]
한 해에 한 번 발생한다. 어른벌레는 6월에서 10월 사이에 많이 나타난다. 알을 낳은 지 이틀 뒤에 애벌레가 깨어난다. 진흙으로 만든 집 안에서 애벌레로 겨울을 난다. 봄에 번데기가 되었다가 며칠 뒤에 어른벌레가 되어 나온다. 어른벌레는 집을 짓고 알을 낳으면서 한두 달쯤 산다.

애호리병벌은 몸길이가 25~30mm쯤 된다. 날개는 밤색이 돌고 윤이 난다. 배 윗부분은 가늘고 가운데는 둥글며 배 끝으로 갈수록 점점 좁아진다.

말벌

말벌 *Vespa crabro flavofasciata*
1996년 6월 서울 노원구 불암산

나뭇가지에 만든 말벌 집
1999년 12월 서울 노원구 수락산

말벌은 벌 가운데에서 몸집도 크고 가장 힘이 세고 사나운 벌이다. 몸이 가늘지만 튼튼하게 생겼다. 독침이 있어서 말벌이 쏘면 많이 부어오르고 후끈후끈 열이 나면서 아프다. 말벌은 꿀벌과 달리 침을 쏘고 나도 침이 벌 몸에서 빠져나가지 않아서 한 마리가 여러 번 침을 쏘기도 한다. 말벌한테 쏘이면 통통 붓고 후끈후끈 열이 나고 가렵다. 아프고 부어오른 자리를 찬물로 찜질해 주면 좋다. 심하면 치료를 받는 것이 좋다.

말벌은 한 집에 수백 마리가 모여 산다. 여왕벌, 수벌, 일벌이 있다. 일벌은 꿀벌의 일벌처럼 집도 짓고 집안일을 맡아 한다. 빈 나무줄기 속이나 바위틈이나 추녀 밑에 박처럼 둥글고 단단한 집을 만든다. 말벌은 꽃꿀, 과일즙, 나무줄기에서 나오는 찐득찐득한 진을 잘 먹는다. 애벌레에게는 살아 있는 꿀벌이나 거미를 잡아다가 먹인다. 말벌은 벌통 가까이에 집을 짓기도 하는데, 꿀벌 애벌레나 알을 잡아먹고 벌집까지 다 부순다. 그래서 벌을 칠 때 말벌집이 벌통 가까이 있으면 피해가 크다.

한살이 [알-애벌레-번데기-어른벌레]

여왕벌은 겨울잠을 잔다. 5월쯤 날씨가 따뜻해지면 겨울잠에서 깬 여왕벌이 혼자 집을 짓고 알을 낳는다. 알은 애벌레와 번데기를 거쳐서 어른벌레가 된다. 8월에서 9월쯤에 수가 가장 많이 늘어나는데 한 집에서 수백 마리까지 산다. 일벌과 수벌은 초겨울이 되면 모두 죽는다. 짝짓기를 한 새 여왕벌만 땅속에서 겨울을 보낸다.

말벌 몸길이는 여왕벌이 30mm쯤이고 일벌도 20mm가 넘는다. 몸빛은 노란색, 붉은색, 짙은 밤색이 많고 머리 쪽은 굴색이다. 몸에 누런 밤색 털이 촘촘히 나 있다.

땅벌

땅벌 *Vespula flaviceps*
2000년 9월 경북 문경

땅속에 만든 땅벌 집

땅벌은 땅속에 집을 짓고 산다. 그래서 이름도 땅벌이다. 양지바르고 메마른 곳을 좋아해서 밭둑이나 무덤가에 집을 많이 짓는다. 집 짓는 자리에 따라 작게도 짓고 크게도 짓는다. 한 집에 여왕벌과 수벌과 일벌이 함께 모여 산다. 땅벌 집은 말벌 집처럼 크고 둥글다. 겉으로는 흙에 조그만 구멍이 나 있을 뿐이어서 눈에 잘 띄지 않는다. 땅벌이 드나드는 것을 보고 땅벌 집이 있는지 안다.

땅벌은 건드리지 않으면 안 쏘지만 잘못해서 벌집을 밟거나 건드리면 떼로 덤빈다. 수많은 벌들이 끈질기게 달라붙어 쏘기 때문에 심할 때는 사람이나 집짐승이 죽기도 한다. 땅벌이 떼를 지어 쫓아오면 물속으로 몸을 감춰서 따돌리기도 한다. 땅벌이 쏜 자리는 아프고 부어오르고 붉어지면서 가렵다. 예전에는 벌에 쏘이면 된장을 발라 독기와 부기를 빼기도 했다. 심하게 부어오르면 찬물로 찜질을 해 준다. 아주 심할 때는 의사를 찾아가야 한다.

땅벌은 나뭇진이나 과일즙을 빨아 먹는다. 채소나 과일나무에서 꽃꿀을 빨아 먹기도 한다.

한살이 [알-애벌레-번데기-어른벌레]

초겨울이 되면 일벌과 수벌은 죽고 여왕벌은 겨울잠을 잔다. 5월쯤 날씨가 따뜻해지면 여왕벌이 겨울잠에서 깨서 집을 짓고 알을 낳는다. 알은 애벌레와 번데기를 거쳐 어른벌레가 된다. 8월에서 9월쯤에 수가 가장 많이 늘어나 한 집에서 수백 마리가 산다.

땅벌은 일벌 몸길이가 10~14mm쯤이고 수벌은 12~18mm쯤이다. 여왕벌은 15~19mm로 가장 크다. 몸 빛깔은 검고 몸과 다리에 샛노란 무늬가 많다. 더듬이가 길고 날개는 밤색이며 머리와 가슴 쪽에 검은 털이 빽빽이 나 있다.

쌍살벌

왕바다리 *Polistes rothneyi koreanus* 암컷
2000년 5월 경기도 남양주

나뭇가지에 붙여 만든 쌍살벌 집

쌍살벌은 말벌과 비슷하게 생겼는데 말벌보다 몸이 가늘고 배 윗부분은 좁다. 날개가 길고 가늘다. 긴 뒷다리 두 개를 축 늘어뜨리고 날아다닌다. 쌍살벌은 말벌처럼 사납지 않지만 건드리면 침을 쏜다. 말벌이나 사마귀가 집에 들어오면 집을 지키려고 침을 쏘기도 한다.

쌍살벌은 봄에 알을 낳기 전에 어미벌 혼자 집을 짓기 시작한다. 어미벌은 집 지을 곳부터 찾는다. 비바람을 피할 수 있고 햇볕이 들지 않는 처마 밑을 좋아한다. 나무줄기나 바위에도 붙여 만든다. 나무껍질을 긁어 침을 섞어 가며 잘게 씹어서 방을 만든다. 처음 만든 방 하나를 가운데 두고 동그랗게 방을 붙여 나간다. 방을 하나 만들고 알을 하나 낳고 다시 방을 만든다. 이렇게 하면서 방이 여러 개 붙은 집을 짓는다. 다 지으면 집 모양이 해바라기 꽃 같다.

애벌레가 깨어나면 나방 애벌레를 잡아다가 잘게 씹어서 먹이고 물도 날라 와서 먹인다. 꿀벌과 달리 집에 먹이나 꿀을 채워 두지는 않는다.

한살이 [알-애벌레-번데기-어른벌레]

한 해에 한 번 발생한다. 알을 낳은 지 일주일쯤 지나면 애벌레가 깨어난다. 한 달쯤 지나면 애벌레가 입에서 실을 토해 방 앞을 막고 번데기가 된다. 번데기로 열흘이 지나면 쌍살벌이 나온다. 가을에 수벌이 나와 암벌과 짝짓기를 한다. 날이 추워지면 수컷은 모두 죽고 짝짓기를 한 암벌만 살아서 해가 잘 드는 나무 틈이나 돌 밑에서 겨울잠을 잔다. 가끔은 따뜻한 곳을 찾아 사람이 사는 집으로 들어오며, 지붕 틈에 모여서 겨울을 나기도 한다. 봄이 되면 이 벌들이 깨어나 새 집을 만들고 알을 낳는다.

왕바다리는 몸길이가 25mm쯤이다. 몸이 가늘고 길다.
날개도 길고 가늘다.

나나니

나나니 *Ammophila infesta*
2000년 8월 경기도 남양주

잡아 온 애벌레 위에 낳은 알

나나니는 늦은 봄부터 여름까지 풀밭이나 강가에서 많이 볼 수 있다. 빠르게 날아다닌다. 몸이 가늘고 긴데 배는 더 가늘다. 무리를 짓지 않고 혼자 살아간다. 꽃이 많이 피는 여름에 꽃꿀을 빨아 먹는다.

나나니는 나무 구멍이나 땅속에 구멍을 뚫어 집을 짓는다. 나나니는 나방이나 나비 애벌레를 침으로 찔러 꼼짝 못 하게 한 뒤에 집으로 가져와서 그 위에 알을 하나 낳는다. 알을 낳고는 구멍을 막아 놓는다. 다른 곳으로 날아가서도 여러 번 같은 일을 되풀이한다. 나나니는 어른벌레가 집에서 살지 않고 또 알이나 애벌레를 돌보지 않는다. 애벌레가 깨어나면 어미벌이 넣어 둔 먹이를 먹고 자란다. 이듬해 봄이 되면 어른벌레가 되어 집에서 나온다.

한살이 [알-애벌레-번데기-어른벌레]
한 해에 한두 번 발생한다. 알을 낳은 지 하루 이틀 지나면 애벌레가 깨어난다. 애벌레는 집 속에서 어미벌이 마련해 둔 먹이를 먹고 자라서 그 속에서 번데기가 된다. 번데기로 겨울을 난다. 이듬해 봄부터 여름 사이에 어른벌레가 된다.

나나니는 몸빛이 검고 날개는 투명하고 노르스름하다. 배가 아주 가늘다. 몸길이는 20mm 남짓인데 암컷이 조금 더 크다. 암컷은 머리와 가슴에 잿빛 털이 많이 나 있다. 수컷은 몸이 가늘고 가운데에 붉은 띠무늬가 있다.

꿀벌

아까시나무 꽃에 모여든 꿀벌
2000년 5월 서울 노원구

꿀벌 집

양봉꿀벌 *Apis mellifera* 일벌
2000년 5월 서울 노원구

꿀벌은 꽃에 있는 꿀을 따다가 벌집에 모아 둔다. 꿀벌은 입이 뾰족하고 혀가 길어서 꿀을 잘 빨고, 뒷다리 종아리마디가 넓적해서 꽃가루를 붙여서 옮기기 좋다. 우리나라에서는 꿀을 얻기 위해 오래 전부터 꿀벌을 길렀다. 꿀벌에는 양봉꿀벌과 토종벌 두 종이 있다. 토종벌은 양봉꿀벌보다 색이 검고 크기가 작다. 토종벌과 양봉꿀벌은 방을 육각형으로 만들고 벌집에 알을 낳고 꿀을 모아 둔다.

　꿀벌은 한 집에서 수만 마리가 무리를 이루고 산다. 한 집에는 여왕벌 한 마리와 수벌 수백 마리와 일벌 수만 마리가 있다. 여왕벌은 하루에 알을 이삼천 개씩 낳는다. 수벌은 두세 달 살면서 단 한 번 짝짓기하는 것 말고는 하는 일이 없다. 일벌은 꿀을 모으고 알과 애벌레를 돌보고 집 짓는 일을 한다. 애벌레 가운데 새로 여왕벌이 될 애벌레 한 마리는 로열 젤리를 먹으며 자란다.

한살이 [알-애벌레-번데기-어른벌레]

이른 봄에 여왕벌이 알을 낳는다. 사흘이 지나면 알에서 애벌레가 나온다. 엿새쯤 지나 애벌레가 다 자라면 방에서 번데기가 된다. 여왕벌은 일주일 동안 번데기로 있고 일벌은 12일, 수벌은 15일쯤 번데기로 보낸다. 여왕벌은 어른벌레로 3~5년을 살고, 일벌은 한 달 남짓 산다. 겨울에는 벌통 안에 살면서 서로 모여 있으면서 거의 움직이지 않는다.

양봉꿀벌은 머리와 가슴에 밤색을 띠는 잿빛 털이 많이 나 있다. 일벌은 몸길이가 12mm쯤 된다. 여왕벌은 몸집이 가장 크다. 더듬이와 머리 위 가장자리가 누런 밤색이다. 수벌은 일벌보다 몸집이 더 크고 겹눈은 정수리에 서로 붙어 있다.

호박벌

어리호박벌 *Xylocopa appendiculata circumvolans*
1998년 4월 경기도 일산

호박벌 *Bombus ignitus*
1995년 5월 경기도 남양주

속이 빈 나뭇가지에 구멍을 내어 만든 어리호박벌 집
1998년 4월 경기도 일산

호박벌은 꿀벌보다 몸집이 두 배쯤 크고 몸에 털이 많이 나 있다. 봄부터 가을까지 볼 수 있는데 초여름에 가장 많다. 배 끝에 침이 있어서 건드리거나 벌집을 만지면 쏜다. 호박벌은 봄에는 진달래나 벚꽃에 날아들고 여름에는 호박꽃에 날아든다. 주둥이가 길어서 꽃 속 깊숙한 곳에 들어 있는 꿀도 잘 빨아 먹는다.

호박벌은 한 집에서 여왕벌, 일벌, 수벌이 무리를 지어 산다. 많을 때는 한 집에 300마리쯤 산다. 봄에 겨울잠에서 깬 여왕벌은 쥐나 두더지가 수풀 속에 파 놓은 구멍에다 집을 짓는다. 집을 다 지으면 꿀을 채운 뒤에 알을 낳는다. 방 모양이 단지처럼 동그랗다. 애벌레가 깨어나면 미리 채워 둔 꿀과 꽃가루를 먹이고 애벌레가 한 마리씩 들어가 살 수 있는 방을 다시 만들어 준다. 일벌은 깨어나면 꿀과 꽃가루를 모아 와서 집에 있는 애벌레들을 키우는 일만 하고, 수벌은 새로운 여왕벌과 짝짓기를 할 때쯤 깨어나 짝짓기를 마치면 죽는다.

한살이 [알-애벌레-번데기-어른벌레]

한 해에 한 번 발생한다. 여왕벌이 4월쯤에 겨울잠에서 깨어나 집을 짓고 알을 낳는다. 사흘 뒤에 애벌레가 깨어나 엿새쯤 지나면 다 자란다. 다 자란 애벌레는 방을 막고 이틀 뒤에 번데기가 된다. 번데기로 열흘이 지나면 어른벌레가 된다. 일벌이 나오면 여왕벌은 집에서 알만 낳고 일벌이 애벌레를 키운다. 여름이 되면 새 여왕벌이 나오고 처음 여왕벌은 죽는다. 날씨가 추워지면 일벌과 수벌은 죽고 짝짓기한 여왕벌만 살아서 땅속에서 겨울잠을 잔다.

호박벌은 여왕벌 몸길이가 19~23mm고, 일벌은 12~19mm, 수벌은 20mm쯤 된다. 여왕벌과 일벌은 몸에 검은 털이 나 있다. 배 끝에는 귤색 털이 나 있고 배 끝에 침이 있다.

어리호박벌은 몸길이가 20mm쯤이다. 가슴은 누런색 털로 덮여 있고, 배는 검다. 날개는 검보랏빛이 나는데 끝으로 갈수록 조금 진해진다.

날도래

우묵날도래 *Nemotaulius admorsus*
2000년 9월 경기도 남양주

집 속에 몸을 숨기고 다니는 띠무늬우묵날도래 애벌레
1995년 11월 경기도 광릉

날도래는 애벌레 때 맑은 물속에서 산다. 날도래 애벌레는 입에서 거미줄처럼 끈적끈적한 실을 토해 내서 물속에 있는 모래나 나뭇잎이나 자잘한 나뭇가지를 붙여서 집을 만든다. 물고기나 잠자리 애벌레에게 잡아먹히지 않으려고 집 속에 몸을 숨기고 다닌다. 머리와 가슴만 밖으로 내밀고 느릿느릿 기어다니면서 작은 벌레나 물풀을 먹는다. 몸집이 커지면 제 몸에 맞게 집을 다시 짓거나 크게 만든다. 날도래라는 이름은 애벌레가 만든 집 모양이 도롱이와 비슷하다고 붙었다.

애벌레는 집 속에서 번데기를 거쳐서 어른벌레가 된다. 어른벌레가 되면 물 밖으로 나온다. 어른벌레는 나방과 비슷하게 생겼지만 나방과 달리 날개가 반투명하고, 날개에 가루가 없고 짧은 털이 있다. 앉을 때는 날개를 배에 붙인다. 4월에서 10월 사이에 물이 맑은 골짜기에서 흔히 볼 수 있다. 밤에 많이 날아다니는데 냇가에서 불을 켜면 아주 많이 모여든다.

한살이 [알-애벌레-번데기-어른벌레]
한 해에 한 번 발생한다. 짝짓기를 한 암컷은 5월과 9월 사이에 알을 100~150개쯤 낳는다. 애벌레로 물속에서 겨울을 난다. 애벌레는 다섯 번 허물을 벗고 번데기가 된다. 번데기는 3주나 한 달쯤 지나면 어른벌레가 된다. 어른벌레는 4~10월에 나오고 한 달쯤 산다.

우묵날도래는 몸길이가 25~30mm쯤 된다.
몸 빛깔은 밤색이다. 날개에 검은 점이 있다. 날개 가운데에
옅은 색 띠가 있고, 날개 끝은 물결 모양이다.
띠무늬우묵날도래 무리의 알은 노랗고 모양이 여러 가지다.
띠무늬우묵날도래 무리의 애벌레는 다리에 짧은 털과
가시가 나 있다. 몸 빛깔은 밤색이고, 몸이 납작하다.

노랑쐐기나방

노랑쐐기나방 *Monema flavescens*
2000년 7월 서울 노원구

나뭇가지에 붙여 놓은 고치
1996년 2월 경북 예천

감잎을 갉아 먹는 애벌레
1997년 9월

노랑쐐기나방은 날개가 고운 노란색이고 날개 끝자락은 연한 밤색이다. 밤에 만 움직이고 불빛에 잘 모여든다. 노랑쐐기나방 애벌레를 '쐐기'라고 한다. 쐐기 몸에는 날카로운 가시 같은 털이 나 있다. 털에는 독이 있어서 찔리면 저릿하다. 찔린 자리는 조금 지나면 벌겋게 부어오르면서 쓰리고 따갑다. 쐐기에 찔렸을 때 는 찬물로 씻어 부기를 가라앉히면 좋다.

쐐기는 한여름에 산에서 나뭇잎을 갉아 먹고 산다. 상수리나무, 감나무, 배나 무, 매실나무, 앵두나무, 밤나무, 사과나무, 살구나무, 복숭아나무, 양벚나무, 자 두나무, 대추나무, 뽕나무 잎을 갉아 먹는다. 커 갈수록 먹성이 좋아져서 잎맥만 남기고 다 갉아 먹는다. 6~7월에 애벌레가 가장 많아서 이때 피해가 가장 크다. 다 자란 애벌레는 나뭇가지에 새알처럼 생긴 고치를 만들고 그 속에서 겨울잠을 잔다. 쐐기를 줄이려면 겨울철에 나뭇가지에 붙어 있는 고치를 따서 불태우거나 가을철에 애벌레를 잡아 준다.

한살이 [알-애벌레-번데기-어른벌레]
한 해에 한 번 발생한다. 가지나 줄기에 고치를 짓고 애벌레와 번데기 중간 모습으 로 그 속에서 겨울잠을 잔다. 5월에 고치 속에서 번데기가 되었다가 한 달쯤 지나 면 고치를 뚫고 나방이 나온다. 암컷은 짝짓기를 하고 나서 잎 뒷면 끝에 알을 하 나씩 낳는다. 한 마리가 100~200개를 낳는다. 다 자란 애벌레는 초가을부터 겨울 잠을 잘 고치를 짓는다.

노랑쐐기나방은 날개 편 길이가 30mm쯤 된다. 더듬이는 실 모양이다. 겹눈은 검은색이다. 앞날개는 노란데 끝에 비스듬한 밤색 줄이 뚜렷하다.

노랑띠알락가지나방

노랑띠알락가지나방 *Biston panterinaria*
1999년 7월 서울 노원구

노랑띠알락가지나방은 나무가 우거진 산에서 많이 산다. 몸집이 크고 날개도 큰 편이다. 주로 여름에 많은데 밤에 날아다녀서 낮에는 보기 어렵다. 풀잎 위에 날개를 펴고 앉아 있을 때도 있다.

노랑띠알락가지나방은 자나방 무리에 딸린 나방이다. 자나방 애벌레를 '자벌레'라고 한다. 자벌레는 배 한쪽 끝을 나뭇가지에 붙이고 잔가지가 뻗은 방향과 같은 쪽으로 머리를 들고 똑바로 서 있다. 이 모습이 꼭 작은 나뭇가지 같아서 눈에 잘 띄지 않는다. 자벌레는 나뭇잎을 먹고 사는데 먹성이 좋아서 잎맥까지 다 먹어 치운다. 날씨가 따뜻하거나 천적이 줄어들면 갑자기 많이 불어나서 과수원이나 숲에 크게 해를 끼치는 일이 가끔 있다.

한살이 [알-애벌레-번데기-어른벌레]
한 해에 한두 번 발생한다. 땅속에서 번데기로 겨울을 나고 이듬해 5월 말부터 어른벌레가 나타난다. 알은 6월 말쯤에 낳는다. 암컷 한 마리가 알을 아주 많이 낳는데 천 개가 넘을 때도 있다. 7월 초쯤에 애벌레가 깨어나 나뭇잎을 갉아 먹으면서 자란다. 애벌레는 자라는 동안 허물을 여섯 번 벗는다. 8월 중순이 되면 다 자란 애벌레들이 번데기가 되려고 땅속으로 들어간다.

노랑띠알락가지나방은 수컷의 날개 편 길이가 46~57mm, 암컷은 67~75mm쯤이다. 몸은 귤빛이다. 수컷 더듬이는 빗살 모양이고 암컷은 실 모양이다. 다리는 짙은 밤색으로 흰 얼룩무늬가 있다. 배는 어두운 밤색이다. 날개는 흰색 바탕에 옅은 검정과 노란 점무늬가 있다.

누에나방

누에나방 *Bombyx mori* 수컷
2000년 10월 경북 예천

뽕잎을 먹는 누에
1995년 6월 경북 예천

우리나라에서는 3천 년 전쯤부터 비단을 얻으려고 누에를 길렀다. 알에서 갓 깨어난 누에는 개미만큼 작고 까만 털이 많다. 그래서 '개미누에'라고 한다. 다 자란 누에는 어른 손가락만큼 굵다. 뽀얀 젖빛이 나고 아주 연한 껍질로 덮여 있어 매끈하고 부드럽다. 누에는 뽕잎을 갉아 먹고 산다. 어린 누에에게는 연한 뽕잎을 골라서 잘게 잘라 주지만 큰 누에는 먹성이 좋아서 가지째 주어도 잘 먹는다. 누에는 다 자라면 번데기가 되려고 고치를 짓는데 이 고치에서 실을 뽑아 비단을 짠다.

고치에서 실을 뽑지 않고 그대로 두면 고치를 뚫고 누에나방이 나온다. 누에나방은 몸이 둔해서 조금씩 움직일 뿐 날지 못한다. 오랫동안 사람이 기르다 보니 둔해진 것이다. 누에나방은 아무것도 먹지 않고 열흘쯤 살면서 짝짓기를 하고 알을 낳는다.

한살이 [알-애벌레-번데기-어른벌레]

한 해에 서너 번 발생한다. 알로 겨울을 나고 봄에 애벌레가 깨어난다. 애벌레는 20일 동안 허물을 네 번 벗으며 자라서 고치를 짓고 번데기가 된다. 고치를 지은 지 이 주일쯤 지나면 누에나방이 나온다. 짝짓기를 한 누에나방은 알을 500개쯤 낳는다.

누에나방은 몸길이가 20mm, 날개 편 길이가 50mm쯤이다. 배가 통통한데 암컷이 수컷보다 크다. 몸과 날개가 모두 흰색이고 더듬이는 빗살 모양이다.

점갈고리박각시

점갈고리박각시 *Ambulyx ochracea*
1996년 5월 경기도 남양주

점갈고리박각시는 산에 많이 산다. 날개가 세모꼴이고 날개 끝이 뾰족한 갈고리 같아서 이름에 갈고리라는 말이 들어 있다. 날개가 크고, 푸드덕푸드덕 빠르게 날아다닌다. 몸통이 굵어서 둔해 보이지만, 길고 둥글게 생겨서 잘 날 수 있다.

점갈고리박각시는 낮에는 움직이지 않다가 밤이 되면 날아다닌다. 냄새를 맡고 여러 가지 들꽃을 찾아 날아가서 꿀을 먹는다. 갈고리 같은 발톱을 꽃잎에 걸고 매달린 채로 대롱 같은 주둥이로 꿀을 빨아 먹는다. 새가 나타나면 날아가지 않고 날개를 위로 반쯤 들어올리고 더듬이를 세운 채 몸을 부르르 떨어서 다가오지 못하도록 한다.

박각시 나방은 다른 나방보다 큰 편이다. 날개 색이 화려하고 무늬가 아름다운 것이 많다. 멀리까지 날아가서 꽃꿀이나 나뭇진을 빨아 먹는다. 낮에 날아다니는 것도 있다.

한살이 [알－애벌레－번데기－어른벌레]
한 해에 두 번쯤 발생한다. 어른벌레는 4월 말부터 8월 중순에 걸쳐 나타난다. 자세한 한살이는 밝혀지지 않았다.

점갈고리박각시는 날개 편 길이가 91~99mm이다.
날개와 몸은 황토색이고 가슴등 쪽 어깨에 검은 밤색 무늬가 뚜렷하다. 날개에 희미하게 검은 밤색 무늬가 줄지어 있다.
배와 앞날개 몸통 가까이에는 짙은 밤색 점이 있다.

작은검은꼬리박각시

작은검은꼬리박각시 *Macroglossum bombylans* 수컷
1999년 10월 경기도 남양주

작은검은꼬리박각시는 꽃꿀을 먹고 산다. 꿀을 먹을 때 제자리에서 붕붕 날갯짓을 하면서 빨대처럼 길다란 입을 꽃에 찌른 채로 빨아 먹는다. 앉지 않고 쉴새없이 이 꽃 저 꽃을 옮겨 다니며 먹는 모습이 벌새를 빼닮았다. 큼지막한 벌처럼 보이기도 한다.

작은검은꼬리박각시는 나방이지만 나비처럼 낮에 날아다니고 밤에는 쉰다. 뜨거운 한낮보다 저녁 무렵에 더 활발하게 움직인다. 산골짜기에 피는 물봉선 꽃에도 날아오고, 마당에 심어 놓은 봉숭아, 과꽃, 채송화에도 날아온다. 7월 중순에서 10월 사이에 나타나는데 따뜻한 남쪽 지방에서는 봄에 나오기도 한다.

한살이 [알-애벌레-번데기-어른벌레]
한 해에 두세 번 생긴다. 애벌레는 7월부터 늦가을 사이에 많이 보인다. 한살이가 자세하게 연구된 것이 거의 없다.

작은검은꼬리박각시는 날개 편 길이가 41~44mm이다. 더듬이는 끝으로 갈수록 굵어진다. 앞날개는 밤색인데 짙은 밤색 무늬가 가운데에 있다. 뒷날개도 밤색인데 몸 쪽으로 가까이 갈수록 누런색을 띤다. 가슴과 배의 등 쪽은 푸른빛이 도는 밤색 털이 촘촘히 나 있다.
배 끝에는 짙은 밤색 털이 먼지떨이 모양으로 나 있다.

줄점팔랑나비

줄점팔랑나비 | *Parnara guttata* 수컷
1998년 10월 경기도 남양주 천마산

볏잎에 집을 짓는 줄점팔랑나비 애벌레

줄점팔랑나비는 마을이나 개울 가까이에 사는 작은 나비다. 날개에 하얀 점이 이어져 있어서 줄점팔랑나비라고 한다. 엉겅퀴 꽃이나 국화꽃이나 메밀꽃이나 고마리 꽃에서 꿀을 빨거나 썩은 과일에서 즙을 빤다. 7월 초부터 8월 초 사이에 논에 날아와서 볏잎 위에 알을 하나씩 군데군데 낳는다.

줄점팔랑나비 애벌레는 벼를 먹는 해충이다. 볏잎 서너 장을 한데 말아서 대롱 모양으로 집을 만든다. 커 가면서 볏잎을 더 많이 모아서 집을 크게 만든다. 낮에는 집 속에 숨어 있다가 해가 지면 밖으로 나와서 잎을 갉아 먹는다. 심할 때는 볏잎을 깡그리 갉아 먹어서 이삭이 제대로 여물지 못한다. 줄점팔랑나비 애벌레는 벼 말고도 보리, 갈풀, 억새, 띠, 강아지풀, 대나무 같은 벼과 식물을 먹는다.

한살이 [알-애벌레-번데기-어른벌레]

한 해에 두세 번 발생한다. 논이나 대밭에서 애벌레로 겨울을 난다. 봄에 번데기가 되었다가 5~6월에 어른벌레가 된다. 어른벌레는 7월 초에서 8월 초 사이에 벼에 알을 낳는다. 알에서 애벌레가 깨어나면 볏잎을 먹으면서 자란다. 다 자라면 볏잎을 말아서 만든 집 속에서 고치를 만들어 번데기가 된다. 두 번째 어른벌레는 7월에서 8월 사이에, 세 번째 어른벌레는 9월에서 10월 사이에 나타난다.

줄점팔랑나비는 날개 편 길이가 32~37mm이다.
날개는 밤색이다. 앞날개에는 흰무늬가 여덟 개 있다.
뒷날개가 작고 세모꼴이다. 뒷날개 가운데 흰 점 네 개가
한 줄로 있다. 암컷은 날개가 넓고 흰무늬도 크다.

애호랑나비

애호랑나비 *Luehdorfia puziloi* 암컷
2000년 4월 경기도 의정부

족도리풀을 먹는 애벌레들

애호랑나비는 호랑나비보다 조금 작고 이른 봄에 나타난다. 진달래꽃이 피기 시작하는 4월 초에 나타나기 시작해서 5월 중순이 지나면 사라진다. 낮은 산 골짜기나 숲 가장자리를 날아다니면서 진달래, 민들레, 얼레지 같은 봄꽃에서 꿀을 빤다. 높은 산에는 5월 말까지도 있다.

짝짓기를 마친 암컷은 족도리풀이나 개족도리풀을 찾아 날아가 잎 뒷면에 알을 낳는다. 알에서 깨어난 애벌레는 이 잎을 먹고 자란다. 애벌레들은 처음에는 모여 지내다가 어느 정도 크면 흩어진다. 애호랑나비는 번데기로 지내는 시간이 길다. 6월쯤에 번데기가 되어 여름, 가을, 겨울을 모두 번데기로 지낸다.

한살이 [알-애벌레-번데기-어른벌레]

한 해에 한 번 발생한다. 번데기로 겨울을 난다. 이른 봄에 어른벌레가 깨어나서 45일쯤 산다. 4월 말에서 5월 초에 알을 5~15개쯤 낳는다. 이 주일이 지나면 알에서 애벌레가 깨어 나온다. 애벌레로 한 달쯤 지내고 6월쯤에 가랑잎이나 돌 밑에서 번데기가 된다.

애호랑나비는 날개 편 길이가 47~52mm이다. 몸에 잔털이 많이 나 있다. 배를 보면 수컷은 연노란색 털이 많이 나 있고, 암컷은 털이 없고 매끈하며 검은빛을 띤다.

긴꼬리제비나비

긴꼬리제비나비 | *Papilio macilentus* 암컷
1998년 8월 경기도 남양주

긴꼬리제비나비는 몸과 날개가 크고 검다. 날개 끝에 긴 돌기가 꼬리처럼 뻗어 있다. 다른 호랑나비보다 느리게 날지만 제비가 미끄러져 내리듯이 잘 날아다닌다. 참나무가 많은 울창한 산골짜기나 길가에서 볼 수 있다. 좀처럼 내려앉지 않는다. 갑자기 숲속에서 나와 길을 따라 날기 때문에 마치 길을 안내하는 것처럼 보인다. 수수꽃다리, 나리, 엉겅퀴 같은 꽃에 앉아서 꿀을 빨아 먹는다. 수컷들은 축축한 땅에 내려앉아 물을 빨아 먹기도 한다. 먹는 동안에도 살짝살짝 날갯짓을 한다. 5월에서 8월 사이에 흔히 볼 수 있다.

암컷은 수컷보다 천천히 날며 나무 그늘 사이에서 자주 나타난다. 암컷은 애벌레 먹이 식물인 귤나무, 산초나무를 찾아 어린 줄기나 잎 뒷면에 알을 하나씩 낳는다. 애벌레가 귤나무 잎을 갉아 먹기 때문에 귤밭에 해가 된다.

한살이 [알-애벌레-번데기-어른벌레]
한 해에 두세 번 발생한다. 번데기로 겨울을 난다. 알을 낳은 지 열흘쯤 지나면 애벌레가 나온다. 애벌레는 20~30일쯤 지나면 다 자라서 둘레에 있는 바위나 나무 줄기에 붙어서 번데기가 된다. 번데기가 된 지 보름쯤 지나면 날개를 펴고 어른벌레가 된다. 번데기로 겨울을 날 때는 여덟 달 동안 번데기로 지낸다. 어른벌레는 20일에서 한 달까지 산다.

긴꼬리제비나비는 날개 편 길이가 봄형은 63~70mm,
여름형은 79~85mm이다. 날개는 검고 돌기가 꼬리처럼
길게 나 있다. 뒷날개 가장자리에 빨갛고 둥근 무늬가 있는데
수컷보다 암컷이 크다. 수컷 뒷날개 위에 희고 굵은
줄무늬가 있고 암컷은 없다.

호랑나비

산호랑나비 | *Papilio machaon* 수컷
1999년 8월 경북 예천

호랑나비 | *Papilio xuthus* 암컷
1999년 10월 경기도 의정부

탱자나무 잎을 먹는 호랑나비 애벌레

호랑나비는 날개가 노랑 바탕에 검정 줄무늬가 있는 것이 호랑이 무늬와 비슷하다. 들판이나 낮은 산에 흔하지만 공원이나 마당에도 날아온다. 큰 날개로 천천히 날갯짓하면서 잘 다니는 길로 날아다닌다. 어른벌레가 한 해에 두 번 봄과 여름에 나타나는데, 봄에 나오는 나비는 여름에 나오는 것보다 몸집이 작고 날개 빛깔은 산뜻하고 또렷하다. 진달래꽃 같은 여러 가지 꽃에서 꿀을 먹는다. 앞다리로 맛을 보고 빨대같이 생긴 입으로 꿀을 빨아 먹는다.

짝짓기를 끝낸 암컷은 애벌레가 즐겨 먹는 탱자나무, 산초나무, 황벽나무, 귤나무 들을 찾아가서 알을 낳는다. 애벌레가 깨어나면 번데기가 될 때까지 그 나뭇잎을 갉아 먹으며 산다. 다 자란 호랑나비 애벌레는 적을 쫓는 뿔이 있다. 머리 뒤에 숨기고 있다가 적이 다가오거나 위험해지면 내민다. 뿔은 주황색이고 지독한 구린내를 풍긴다. 애벌레가 잘 먹는 탱자나무, 산초나무, 황벽나무, 귤나무 잎들은 진한 냄새가 나는데 애벌레는 이 냄새를 몸에 모아 두었다가 위험할 때 풍기는 것이다.

한살이 [알-애벌레-번데기-어른벌레]

한 해에 두세 번 발생한다. 봄에는 4~5월에 나타나고, 여름에는 6~10월 사이에 한두 번 나타난다. 잎 뒷면이나 줄기에 알을 하나씩 군데군데 낳는다. 모두 100개쯤 낳는다. 일주일쯤 지나면 애벌레가 깨어난다. 네 번 허물을 벗고 난 뒤에 번데기가 된다. 번데기로 겨울을 지낸다.

호랑나비는 날개 편 길이가 60~120mm쯤 된다. 암컷은 날개 색이 수컷보다 더 노랗다. 산호랑나비는 생김새가 호랑나비와 아주 비슷하다. 호랑나비보다 노란빛이 조금 더 짙고 뒷날개 안쪽 가장자리에 붉은 점이 뚜렷하게 있다.

모시나비

모시나비 | *Parnassius stubbendorfii* 수컷
1999년 5월 경기도 남양주

모시나비는 몸과 날개 빛깔이 하얗다. 날개는 여름에 입는 모시처럼 얇고 속이 비친다. 모시나비는 들판이나 낮은 산 둘레의 풀밭에서 산다. 5월에서 6월 초에 나타나는데 천천히 미끄러지듯 날아다닌다. 보통 아침 나절과 저녁에 활발하게 날아다닌다. 햇빛이 뜨거운 한낮에는 대개 앉아 있는데 날아도 힘이 없어 보인다. 맑고 더운 날보다는 흐린 날에 더 잘 날아다닌다.

모시나비는 기린초, 토끼풀, 엉경퀴, 자운영 같은 꽃에서 꿀을 빨아 먹는다. 꿀을 먹고 있을 때는 웬만큼 다가가도 놀라서 날아가거나 하지 않는다. 암컷이 꿀을 빨고 있으면 수컷이 다가와 짝짓기를 한다. 짝짓기를 끝낸 암컷은 현호색과 들현호색 둘레에 있는 마른 풀잎 위에 알을 하나씩 낳아 붙인다. 알에서 애벌레가 나오면 현호색과 들현호색 잎을 먹고 자란다. 애벌레는 적이 다가오거나 하면 냄새가 나는 작은 젖빛 뿔을 내민다.

한살이 [알-애벌레-번데기-어른벌레]
한 해에 한 번 발생한다. 알로 겨울을 보낸다. 이른 봄에 알에서 애벌레가 나온다. 애벌레로 50~60일쯤 보낸다. 다 자란 애벌레는 마른 가랑잎 속에서 엉성하게 고치를 짓고 그 속에서 번데기가 된다. 2~3주쯤 지나 어른벌레가 깨어난다. 어른벌레는 한 달쯤 산다.

모시나비는 날개 편 길이가 43~53mm이다. 더듬이는 짧고 끝이 뭉툭하다. 날개는 잿빛이 도는 흰색이고 반투명하다. 날개에 까만 무늬가 있다. 배에 잔털이 많은 것은 수컷이고 없는 것은 암컷이다.

배추흰나비

배추흰나비 *Pieris rapae*
1996년 4월 경기도 남양주

배춧잎을 갉아 먹는 애벌레

배추흰나비는 봄이 되면 나타나서 채소밭에 날아다닌다. 겨울에 번데기로 지내다가 봄에 깨어난 것이다. 낮에 날아다니면서 파나 무나 배추의 장다리꽃 꿀을 빨고 잎 뒷면에 아주 길쭉하고 노르스름한 작은 알을 낳는다.

배추흰나비 애벌레를 '배추벌레'라고 한다. 처음에는 노랗다가 차츰 배춧잎과 색이 비슷해진다. 배추벌레는 배추뿐만 아니라 유채나 무나 겨자의 잎을 갉아 먹는다. 양배추에 유난히 많이 꼬인다. 처음에는 잎에 작은 구멍을 내면서 갉아 먹는데 자라면서 잎맥만 남기고 모조리 갉아 먹는다. 배추벌레가 퍼지면 농사에 큰 해를 입히기 때문에 손으로 하나하나 잡아 주어야 한다.

배추벌레는 6~7월과 9~10월에 많이 나타난다. 봄과 가을에는 낮에 갉아 먹고 아침과 저녁에는 고갱이 속에 들어가 있다. 여름에는 반대로 아침과 저녁에만 갉아 먹고 낮에는 고갱이나 그늘진 잎줄기에 숨는다. 배추 색과 비슷해서 찾아내기 힘들다. 배추벌레가 눈 수수알만 한 까만 똥을 보고 배추벌레가 어디 있는지 찾아서 잡는다.

한살이 [알-애벌레-번데기-어른벌레]
한 해에 여러 번 생긴다. 나무줄기, 울타리, 돌 틈에서 번데기로 겨울을 난다. 4월 초에 처음 나타난다. 채소밭에 날아와서 채소 잎에 하나씩 군데군데 알을 낳는다. 봄에는 7~10일 만에 알에서 애벌레가 깨어난다. 애벌레는 보름쯤 지나면 번데기가 된다. 번데기는 다시 보름쯤 지나서 어른벌레가 된다. 어른벌레는 열흘쯤 산다.

배추흰나비는 날개 편 길이가 45~65mm이다. 몸길이는 17~20mm이고 몸이 하얗거나 노르스름하다. 앞날개는 희고 군데군데 검은색이다. 여름에 생기는 나비는 봄과 가을에 생기는 것보다 크고 빛깔도 또렷하다.

노랑나비

노랑나비 | *Colias erate* 수컷
1999년 6월 경기도 남양주

개망초 꽃에서 꿀을 빠는 노랑나비
1999년 6월 경기도 남양주

노랑나비는 봄부터 가을까지 볼 수 있는 아주 흔한 나비다. 날개는 노랗고 가장자리만 조금 검다. 양지바른 풀밭 위를 재빠르게 날아다닌다. 그러다가 수컷끼리 만나면 서로 날개로 쳐서 쫓아낸다. 얼핏 보기에는 서로 어우러져 노는 것처럼 보인다.

노랑나비는 마을 가까이 양지바른 풀밭에 산다. 집 마당에도 날아든다. 넓게 트인 곳을 좋아해서 바닷가나 강둑이나 높은 산에 있는 풀밭에서도 보인다. 민들레, 개망초, 토끼풀, 엉겅퀴, 구절초 같은 들꽃에 내려앉아 꿀을 먹는다. 축축한 곳에서 물을 빨아 먹기도 한다.

노랑나비 중에 날개가 흰 것도 있다. 수컷은 다 노란데, 암컷은 흰 것도 있고 노란 것도 있다. 흰 암컷보다 노란 암컷한테 수컷이 많이 모인다. 짝짓기를 하고 난 뒤 암컷은 토끼풀이나 비수리 같은 풀을 찾아가서 잎 뒷면에 알을 하나씩 낳아 붙인다. 애벌레가 콩잎을 먹어서 콩농사에 해를 끼치기도 한다.

한살이 [알-애벌레-번데기-어른벌레]
한 해에 서너 번 발생한다. 봄과 가을에 한 번, 여름에 한두 번 어른벌레가 된다. 애벌레 또는 번데기로 겨울을 난다. 다 자란 애벌레는 가까이 있는 바위나 집 담벼락에 붙어서 번데기가 된다. 열흘 뒤에 어른벌레가 깨어난다. 어른벌레는 20일에서 한 달쯤 산다.

노랑나비는 날개 편 길이가 38~43mm이다. 날개는
노란 바탕에 검은 무늬가 조금 있다. 날개 가장자리가 검다.
수컷보다 암컷의 날개가 크고 둥글다.

각시멧노랑나비

겨울잠을 자고 나온 각시멧노랑나비
1996년 4월 경기도 남양주 천마산

각시멧노랑나비 *Gonepteryx aspasia* 수컷
1999년 9월 경기도 의정부

각시멧노랑나비는 넓은잎나무가 많은 산길이나 숲 가장자리에 산다. 꽃에 앉아 있는 모습이 수줍은 새색시같이 다소곳하고 고와서 '각시'라는 말이 이름에 붙었다. 각시멧노랑나비는 붉은색 꽃과 보라색 꽃을 좋아해서 엉겅퀴나 큰꼬리풀 꽃에 자주 날아든다.

각시멧노랑나비는 초여름에서 초가을까지 산과 들에서 날아다닌다. 나무 사이를 나풀나풀 날아다니는데 힘차게 날지는 않는다. 아주 더운 한여름과 추운 겨울에는 잠을 잔다. 초여름에 잠깐 날아다니다가 7월 중순 넘어 아주 더워지면 한 달쯤 여름잠을 잔다. 여름잠을 자던 각시멧노랑나비는 8월 말이 되어 선선해지면 잠에서 깨어난다. 초가을까지 지내다가 다시 겨울잠을 잔다. 겨울잠을 자고 나면 날개에 밤색 점이 많이 생기고 색이 바랜다.

한살이 [알-애벌레-번데기-어른벌레]
한 해에 한 번 발생한다. 어른벌레로 겨울을 나고 4월부터 날아다닌다. 5월에 암컷은 애벌레 먹이인 갈매나무 어린잎에 알을 하나씩 낳는다. 애벌레는 한 달 남짓 지나 번데기가 되고 6월 중순이나 7월에 어른벌레로 깨어난다. 어른벌레로 여름잠을 잠깐 자고 초가을에 날아다니다가 겨울잠을 잔다.

각시멧노랑나비는 날개 편 길이가 50~60mm쯤이다.
수컷은 날개 앞면이 연노란색이고, 암컷은 연한 풀색을 띤다.

뿔나비

겨울을 난 뿔나비 *Libythea celtis*
1999년 4월 경기도 남양주 천마산

팽나무 잎을 갉아 먹는 뿔나비 애벌레

뿔나비는 넓은잎나무가 우거진 골짜기에 모여 산다. 주둥이 아래가 몹시 튀어나와서 긴 뿔이 난 것처럼 보인다고 '뿔나비'라는 이름이 붙었다. 양지바른 덤불에서 겨울잠을 자고 3월이면 깨어나서 날아다닌다. 여름에는 썩은 과일이나 동물 시체에 잘 모인다. 한여름이면 여름잠을 자기 시작해서 그대로 이듬해 봄까지 잠을 자는 것이 많다. 가을에 잠에서 깨어나기도 하는데 이 나비들은 꽃에서 꿀을 빤다.

뿔나비는 팽나무에 알을 낳는다. 팽나무에 새잎이 벌어지기 시작하면 벌어진 잎 속에 배를 깊숙이 넣고 낳는다. 뿔나비 애벌레는 한데 모여서 팽나무 잎을 갉아 먹는데 심할 때는 나무 한 그루에 난 잎을 깡그리 다 먹어 버린다. 한쪽 나뭇가지에서 잎을 다 먹으면 실을 토해 낸 뒤에 실을 타고 잎과 잎 사이를 옮겨 다니면서 먹는다. 애벌레는 풍게나무 잎도 먹는다. 풍게나무는 산기슭이나 골짜기에서 자라는 넓은잎나무다. 단감주나무라고도 하는데 팽나무와 친척인 나무이다.

한살이 [알-애벌레-번데기-어른벌레]

한 해에 한 번 발생하고 어른벌레로 겨울을 난다. 이른 봄에 짝짓기를 하고 팽나무나 풍게나무 어린잎에 알을 깐다. 5월 초에서 중순 사이에 애벌레가 깨어나서 나뭇잎을 갉아 먹는다. 애벌레는 5월 말에 팽나무 잎사귀에서 번데기가 된다. 번데기는 8~10일쯤 지나서 6월 초에 날개돋이를 한다.

뿔나비는 날개 편 길이가 40~50mm이다. 아랫입술수염이 길게 튀어나왔다. 날개 가장자리가 들쭉날쭉하다. 날개는 짙은 밤색인데 앞날개에 큰 귤색 무늬가 있다. 가장자리에는 흰 점이 두 개 있다.

애기세줄나비

애기세줄나비 *Neptis sappho* 수컷
1999년 5월 경기도 남양주 천마산

애기세줄나비는 세줄나비 가운데 가장 작다. 날개를 펼치고 앉았을 때 위에서 보면 검은 밤색 바탕에 가로로 하얀 줄무늬가 석 줄 나타난다. 확 트인 골짜기나 숲 가장자리 풀밭에서 산다. 도시에 있는 공원에도 산다. 날개를 쭉 펴고 미끄러지듯 날다가 가끔씩 파닥파닥 날갯짓을 하면서 날아오른다.

애기세줄나비는 쥐똥나무나 나무딸기나 산초나무 꽃을 찾아서 꿀을 빨아 먹는다. 축축한 곳에 여러 마리가 내려앉아서 물을 먹기도 한다. 나뭇진이나 썩은 과일 즙을 먹기도 한다. 먹을 때에는 다른 나비나 천적을 경계하느라고 날개를 폈다 접었다 한다.

애기세줄나비 암컷은 아까시나무나 싸리나무나 나비나물 같은 콩과 식물의 연한 잎 끝에 알을 하나씩 낳아 붙인다. 애벌레가 깨어 나오면 가운데 잎맥만 남기고 잎을 다 먹어 치운다. 애벌레는 몸 색이 나뭇가지와 비슷한 검은 밤색이고 좀처럼 움직이지 않아서 눈에 잘 띄지 않는다.

한살이 [알-애벌레-번데기-어른벌레]

한 해에 서너 번 발생한다. 애벌레로 겨울을 난다. 알을 낳은 지 한 주쯤 지나면 애벌레가 깨어난다. 번데기는 잎이나 가지에 거꾸로 매달린다. 10~14일쯤 지나면 어른벌레가 나온다. 여름에 태어난 어른벌레는 20일에서 한 달쯤 산다.

애기세줄나비는 날개 편 길이가 36~45mm이다. 날개는 검은 밤색이고 하얀 줄무늬가 있다. 암컷이 수컷보다 날개가 크고 둥글다. 수컷은 뒷날개 윗면의 가장자리가 잿빛으로 반짝인다.

네발나비

네발나비 *Polygonia c-aureum* 수컷
1998년 8월 경기도 남양주

네발나비는 다리가 네 개로 보인다. 사실 다리는 여느 곤충처럼 여섯 개인데 앞다리 두 개는 쓰지 않아서 눈에 띄지 않을 만큼 아주 작아졌다. 네발나비는 논밭 언저리나 개울가나 낮은 산의 숲 가장자리나 도시의 빈터에서 사는 아주 흔한 나비다. 여름에는 개망초에서 꿀을 빨아 먹고 나뭇진도 잘 먹는다. 가을에는 구절초, 코스모스, 국화에서 꿀을 빨아 먹고 썩은 감에서 즙을 빨아 먹는다.

네발나비 수컷은 사는 곳 둘레를 쉴 새 없이 낮게 날아다닌다. 암컷은 환삼덩굴에 알을 낳는다. 알에서 깨어난 애벌레는 새 같은 천적을 피하려고 환삼덩굴 잎 뒷면에서 잎을 우산 모양으로 접어서 집을 만든다. 먹을 때만 집 밖으로 나온다. 어른벌레로 겨울을 지내는데 볏짚단, 처마 밑, 가랑잎 속, 바위틈에서 움직이지 않고 꼭 붙어서 지낸다. 겨울이라도 어쩌다 따뜻한 날에는 양지바른 곳에서 날아다닌다.

한살이 [알-애벌레-번데기-어른벌레]
한 해에 두세 번 발생한다. 어른벌레로 겨울을 난다. 알을 낳은 지 한 주쯤 지나면 애벌레가 나온다. 갓 나온 애벌레는 알 껍질을 먹은 뒤에 움직인다. 번데기를 거쳐 어른벌레가 된다. 여름에 나온 어른벌레는 20일쯤 살고 가을에 나온 것은 7~8개월 동안 산다.

네발나비는 날개 편 길이가 42~47mm이다. 날개 바깥 가장자리는 들쭉날쭉하고 모가 나 있다. 여름형은 날개가 누르스름한 밤색이고 가을형은 붉은 밤색을 띤다. 또 여름형보다 가을형이 날개 모양이 더 날카롭게 모가 져 있다. 암컷은 수컷보다 크고, 날개가 둥글게 보인다.

각다귀

어리아이노각다귀 *Tipula patagiata*
2000년 5월 경기도 남양주

황나각다귀 *Nephrotoma cornicina*
2000년 5월 경기도 남양주

각다귀는 물가나 풀섶이나 산골짜기에서 많이 산다. 눅눅하고 서늘한 곳을 좋아한다. 생김새는 모기와 닮았고 몸집은 모기보다 훨씬 크다. 가늘고 긴 다리는 약해서 어디에 걸리거나 붙들리면 쉽게 떨어진다. 앉을 때는 긴 날개를 쫙 편다. 크기가 작은 것들은 날개를 접고 앉기도 한다. 풀에서 즙을 빨아 먹고 산다. 어른벌레가 되면 아무것도 먹지 않고 며칠만 살다가 죽는 것도 있다.

암컷은 배 끝을 물에 담그고 물속에다 알을 낳는다. 물기가 많은 진흙속에다 낳는 것도 있다. 애벌레는 다리가 없거나 있어도 쓰지 않고 몸을 늘였다 줄였다 하면서 움직인다. 물속에 사는 애벌레는 물풀이나 썩은 풀을 먹고 살고, 땅속에 사는 애벌레는 땅을 파고 다니면서 풀뿌리를 갉아 먹는다. 논밭에 살면서 벼와 보리 뿌리를 잘라 먹는 것도 있다.

한살이 [알-애벌레-번데기-어른벌레]
알로 지내는 기간이 이 주일을 넘지 않고 애벌레는 허물을 벗으면서 자란다. 번데기로 5~12일을 살고, 어른벌레는 며칠을 산다.

어리아이노각다귀는 몸길이가 16~17mm쯤 되고 날개 길이는 22~24mm이다. 몸이 가늘고 길다. 다리도 무척 길다. 머리와 가슴은 잿빛이 도는 밤색이다. 어른벌레는 4월부터 6월 사이에 나타나기 시작한다.

황나각다귀는 몸길이가 10~12mm이다. 누런 바탕에 검은 무늬가 있다. 날개는 투명하고 연노란색이다. 황나각다귀와 비슷한데, 배에 검은 무늬가 크고 뚜렷한 것은 큰황나각다귀다.

모기

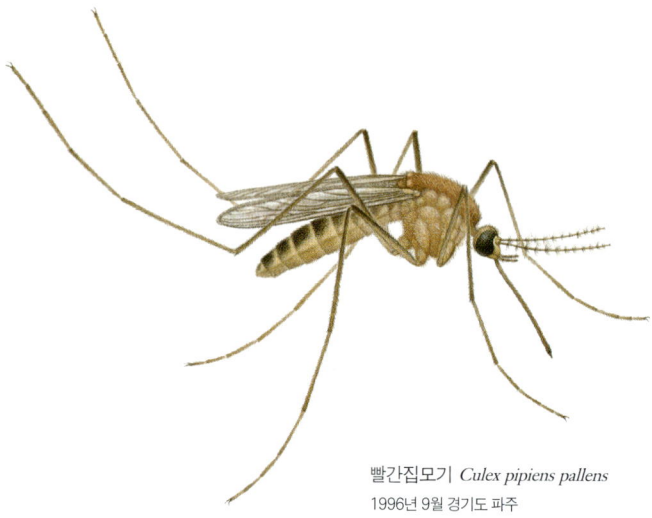

빨간집모기 *Culex pipiens pallens*
1996년 9월 경기도 파주

장구벌레 1997년 4월 경기도 파주

번데기

모기는 사람이나 짐승의 피를 빨고 병을 옮기는 해충이다. 모기가 물면 따끔하고 가렵다. 긁으면 부어오르고 상처가 남는다. 집 안에도 있고 집 밖에 있는 변소나 풀섶에도 많다. 사람이나 짐승이 있으면 어디든지 찾아온다. 여름철에 해질 무렵부터 해 뜨기 전까지 많이 날아다닌다. 그늘진 풀섶에 있는 것은 낮에도 피를 빤다. 여름에 많은데 집 안에서 늦가을까지 사는 것도 있다.

피를 빠는 모기는 모두 암컷이다. 암컷은 살아 있는 짐승의 피를 먹어야만 알을 낳을 수 있다. 짝짓기를 한 암컷은 고여 있는 물로 날아가 물속이나 축축한 흙에 알을 낳는다. 수컷은 과일이나 풀 줄기에서 즙을 빨아 먹고 산다.

모기는 웅덩이나 고인 물속에 알을 낳는다. 물속에서 사는 모기 애벌레를 '장구벌레'라고 하는데 웅덩이나 도랑에 미꾸라지 같은 물고기가 살면 장구벌레를 먹어서 없애 준다.

한살이 [알-애벌레-번데기-어른벌레]
한 해에 여러 번 발생한다. 짝짓기를 한 암컷은 피를 빨고 4~5일 뒤에 알을 100~150개쯤 낳는다. 알은 너무 차갑지 않은 물에서 잘 깨어난다. 애벌레는 1~2주 지나면 번데기가 된다. 번데기는 2~4일 지나 어른벌레가 된다. 알에서 어른벌레가 되는 데 10~15일 걸린다. 어른벌레는 한 달쯤 산다. 대개 숲에서 사는 모기는 알로, 들이나 집 근처에 사는 모기는 어른벌레로 겨울을 난다.

빨간집모기는 몸길이가 5~6mm쯤이다.
몸 빛깔은 연한 밤색이다. 주둥이가 대롱 모양으로 길어서
찌르고 빨기에 알맞다. 애벌레는 붉은 밤색이거나 검은
밤색이다. 가슴이 가장 굵고 배는 가늘다. 다리는 없다.
배 끝을 물 밖으로 내놓고 숨을 쉰다.

왕소등에

왕소등에 *Tabanus chrysurus*
1997년 9월

왕소등에는 등에 가운데서도 몸이 크고 소 등에 붙어서 피를 빨아 먹기 때문에 '왕소등에'라는 이름이 붙었다. 여름철 낮에 날아다니면서 소를 성가시게 하고 병을 옮기기도 한다. 소뿐만 아니라 사람에게도 달려들어 피를 빤다. 주둥이가 칼 끝처럼 날카로워서 살갗을 찔러 피를 빨기 좋다. 왕소등에가 물면 아프고 금세 퉁퉁 붓는다. 말벌에 쏘인 것처럼 아프고 부어오르다가 좀 지나면 물린 자리가 가렵다.

등에는 암컷이나 수컷 모두 꿀이나 식물 즙을 먹고 사는데, 알 낳을 때가 된 암컷만 짐승 피를 빤다. 짝짓기를 한 암컷은 진흙이나 물에 떠 있는 식물 잎이나 줄기에 알을 낳는다. 애벌레는 물속에 살면서 장구벌레나 잠자리 애벌레를 먹고 자란다.

한살이 [알-애벌레-번데기-어른벌레]
어른벌레는 4월에서 9월 사이에 나타난다. 애벌레는 물속에서 살다가 물가로 나와서 물기가 없는 흙속으로 들어가 번데기가 된다. 번데기가 되고 며칠 지나면 어른벌레가 나온다.

왕소등에는 몸길이가 21~26mm이다. 머리는 큼직하고
세모꼴에 가깝게 생겼다. 몸 빛깔은 검은 밤색이고,
가슴등판에 황금빛 털로 된 세로줄이 두 줄 있다.

빌로오도재니등에

빌로오도재니등에 *Bombylius major*
1996년 4월 서울 노원구

빌로오도재니등에는 이른 봄에 양지꽃이나 진달래꽃에서 볼 수 있다. 파리목에 들지만 꼭 벌처럼 생겼다. 하지만 벌과 달리 침이 없어서 쏘지 않는다. '빌로오도'는 '벨벳'이라는 옷감이다. 부드러운 짧은 털이 촘촘히 있는 옷감이고 윤기가 난다. 빌로오도재니등에 몸에도 긴 털이 빽빽이 나 있고 아주 부드럽다. 이 털이 마치 '벨벳' 같다고 '빌로오도'라는 말이 이름에 덧붙었다.

빌로오도재니등에는 꽃에 가까이 다가가면 공중에서 잠시 멈추었다가 천천히 꽃 가운데에 내려앉는다. 때로는 꼬리박각시처럼 꽃에 내려앉지 않고 제자리에서 날갯짓하다가 긴 입 끝으로 꿀을 빤다. 제자리에서 날다가 순식간에 몇 미터를 날아갈 정도로 재빠르다. 날 때는 꿀벌이 윙윙대는 것처럼 높은 소리가 난다.

빌로오도재니등에는 이른 봄과 가을에 나타난다. 어른벌레는 꿀을 먹고 살고 애벌레는 다른 곤충의 애벌레나 번데기를 먹고 산다. 암컷은 나비나 벌이나 딱정벌레나 파리의 애벌레나 번데기 몸에 알을 하나씩 낳아서 붙여 놓는다. 애벌레는 다른 곤충 몸에 붙어살면서 즙을 빨아 먹고 자란다.

한살이 [알-애벌레-번데기-어른벌레]
한 해에 두 번 발생한다. 4월부터 5월 사이에 한 번, 9월부터 10월 사이에 한 번 나타난다. 어른벌레는 짧으면 한두 주 살고 길면 한 달 넘게도 산다. 알을 낳은 지 이삼 일이나 일주일쯤 지나면 애벌레가 깨어 나온다.

빌로오도재니등에는 몸길이가 7~11mm쯤 된다. 몸은 검지만 연한 밤색 긴 털이 빽빽이 나 있어 밤색으로 보인다. 가슴 옆에는 하얀 털도 군데군데 나 있다. 날개는 투명한데 앞쪽은 짙은 밤색이다. 주둥이가 길고 다리도 가늘고 길다.

호리꽃등에

호리꽃등에 *Episyrphus balteatus* 암컷
1998년 10월 경기도 남양주 천마산

호리꽃등에는 꽃등에나 배짧은꽃등에처럼 흔하게 볼 수 있다. 무척 잘 날아서 공중에서 멈출 수도 있고 재빨리 방향을 바꾸어 날 수도 있다. 이른 봄부터 가을까지 온갖 꽃에서 꿀을 빤다. 사람 손등이나 팔에 앉아 땀을 핥아 먹기도 한다. 벌과 비슷하게 생겼지만 파리 무리에 속하기 때문에 독침은 없다.

호리꽃등에는 꿀을 먹으러 옮겨 다니면서 꽃가루받이를 돕는다. 호리꽃등에 애벌레는 무당벌레나 풀잠자리 애벌레처럼 진딧물을 먹고 자란다. 많이 먹을 때는 한 시간에 80마리까지 먹어 치운다. 꽃이나 과일나무를 기를 때 도움이 되는 곤충이다.

여름에는 온갖 꽃에서 볼 수 있다. 애벌레 때 '꽃등에'나 '배짧은꽃등에'처럼 물속에서 사는 것도 있고, '호리꽃등에' 애벌레처럼 땅 위에서 사는 것도 있다.

한살이 [알-애벌레-번데기-어른벌레]

한 해에 여러 번 발생한다. 어른벌레는 이 주일에서 한 달쯤 산다. 짝짓기를 하고 나면 진딧물이 낀 잎이나 줄기에 알을 수십에서 수백 개까지 줄지어 낳는다. 애벌레는 허물을 두 번 벗는다. 두 번 허물을 벗은 애벌레는 식물의 줄기나 잎에 붙어서 껍질이 그대로 줄어들어 번데기가 된다. 번데기는 1~2주쯤 지나면 어른벌레가 된다. 번데기나 어른벌레로 겨울을 난다.

호리꽃등에는 몸길이가 8~11mm이다. 몸은 작고 가늘다.
어른벌레가 될 때 둘레 온도에 따라 배 색깔이 달라진다.
보통 여름에 나온 어른벌레는 몸 빛깔이 밝고, 봄과 가을에 나온 어른벌레는 어둡고 짙다.

꽃등에

꽃등에 *Eristalis tenax* 수컷
1996년 10월 경기도 의정부 수락산

배짧은꽃등에 *Eristalis cerealis*
1999년 10월 서울 노원구

꽃등에는 꼭 벌처럼 생겼다. 산기슭이나 들에 피는 여러 가지 꽃에 모이는 것도 비슷하다. 꽃등에가 벌과 함께 섞여 있으면 쉽게 가려 내기가 어렵다. 꽃등에는 파리 무리에 속한다. 꽃등에는 파리처럼 날개가 한 쌍 있고 꽁무니에 침도 없다. 꽃가루와 꿀을 핥아 먹고 이 꽃 저 꽃 옮겨 다니면서 꽃가루받이를 해 준다. 꽃가루받이도 잘 하고 벌과 달리 쏘지 않아서 일부러 꽃등에를 길러서 과수원이나 비닐하우스에 풀어 두기도 한다.

꽃등에 애벌레는 쉬파리 애벌레와 비슷하다. 구더기처럼 생겼고 배 끝에 꼬리 같은 긴 돌기가 나 있어서 '꼬리구더기'라고도 한다. 애벌레는 지저분한 시냇물이나 웅덩이나 연못가의 썩은 흙속에서 산다. 숨을 쉴 때는 몸 끝에 달린 긴 꼬리를 물 밖으로 내놓고 숨을 쉰다.

한살이 [알-애벌레-번데기-어른벌레]
번데기로 땅속에서 겨울을 난다. 애벌레로 겨울을 나는 것도 있다. 어른벌레는 4월 말쯤부터 나타난다. 두 달쯤 살면서 100개가 넘는 알을 낳는다. 애벌레는 20일쯤 살다가 번데기를 거쳐 어른벌레가 된다. 어른벌레는 두 달쯤 산다.

꽃등에는 몸길이가 14~15mm쯤이다. 몸은 짙은 밤색이다.
배에 누런 밤색 띠무늬가 있다. 더듬이는 밤색이고
여러 마디로 되어 있다.

배짧은꽃등에는 4~10월에 볼 수 있다. 겹눈 사이가 아주
좁고 앞머리는 누런 밤색 가루로 덮여 있으며 꿀벌과 가장
많이 닮았다.

노랑초파리

노랑초파리 *Drosophila melanogaster* 암컷
1997년 7월 서울 은평구

포도 껍질에 모인 노랑초파리

노랑초파리는 몸집이 아주 조그맣고 노랗다. 아주 작아서 날파리나 하루살이로 잘못 아는 경우가 많다. 썩은 과일이나 과일 껍질같이 신맛이 나는 음식이 있으면 금세 여러 마리가 모여든다. 입이 핥아 먹기에 알맞게 생겼다. 노랑초파리는 다른 파리와 같이 다리 끝에 끈끈한 판이 있어서 거꾸로 매달려도 떨어지지 않고 앞다리로 맛을 본다.

노랑초파리는 집에 사는 초파리 가운데 가장 흔하다. 어둡고 습하고 따뜻한 곳에서 많이 산다. 봄부터 가을까지 사는데 아주 더운 한여름에는 적고 늦은 봄이나 이른 가을에 많다. 여름에는 한낮보다 아침과 저녁에 많이 날아다닌다. 따뜻한 집에서는 한 해 내내 산다. 노랑초파리는 짝짓기를 하고 나서 썩은 과일이나 과일 껍질 위에 알을 낳는다. 애벌레도 어른벌레처럼 썩은 과일이나 신맛 나는 음식을 먹는다.

한살이 [알-애벌레-번데기-어른벌레]
한 해 동안 여러 번 발생한다. 온도와 습도가 알맞으면 자꾸자꾸 나온다. 어른벌레로 겨울을 나는 것으로 알려져 있다. 번데기에서 나온 어른벌레는 바로 짝짓기를 하고 하루나 이틀 지나서 알을 천 개쯤 낳는다. 알을 낳고 이삼 일 뒤에 애벌레가 나온다. 애벌레는 두 번 허물을 벗는다. 세 번째 애벌레는 그대로 껍질이 줄어들어 번데기가 된다. 알에서 어른벌레가 되기까지 10일에서 15일쯤 걸린다. 어른벌레는 두 달쯤 산다.

노랑초파리는 몸길이가 2mm쯤이다. 더듬이는 짧다.
눈은 빨갛고 가슴은 누런색이다. 배는 노란색과 검은색으로
띠무늬를 이루고 있다. 수컷은 배 끝이 검다.

쉬파리

검정볼기쉬파리 *Helicophagella melanura*
1996년 7월 서울 은평구

된장에 생긴 구더기　　　　　　번데기　　　번데기에서 나오는 어른벌레

쉬파리는 똥이나 생선이나 썩은 고기에 '쉬'를 낳아 놓는다. 쉬는 알이 아니라 애벌레를 말한다. 다른 파리는 알을 낳지만 쉬파리는 어미 배 속에서 알이 깨어난다. 쉬파리가 생선 위에 쉬를 슬면 몇 시간 뒤에 구더기가 들끓는다. 쉬파리는 집 안보다 집 밖에 더 많다. 낮에 집 안에 있던 것들도 밤이면 집 밖으로 나가 풀잎이나 나뭇가지에 붙어서 밤을 보낸다.

쉬파리 구더기는 똥과 썩은 고기를 먹고 자란다. 여름날 변소에 생기는 구더기에는 쉬파리 애벌레가 많다. 된장이나 간장독 안에도 쉬를 슨다. 장독 위를 헝겊으로 동여매고 그 위에 꼭 맞는 뚜껑을 덮어서 쉬파리가 들어가지 못하게 하는 것이 좋다. 변소에도 파리가 많은데 똥을 누고 흙이나 재나 톱밥으로 덮어서 물기를 없애면 파리가 알을 낳는 것을 막을 수 있다. 또 변기에 꼭 맞는 뚜껑을 덮어서 파리가 못 들어가게 한다. 파리는 몸에 균이 붙은 채로 우리가 먹는 음식에 자주 앉기 때문에 장티푸스, 콜레라 같은 병을 옮긴다. 파리가 여름에 많아서 이런 병이 여름에 많이 생긴다.

한살이 [알-애벌레-번데기-어른벌레]
한 번에 애벌레를 20~40마리쯤 낳는다. 구더기는 서너 주 지나면 다 자라서 흙속에서 번데기가 된다. 번데기로 겨울을 난다. 애벌레는 몸길이가 10~20mm쯤 된다. 흰색이나 연노란색을 띤다.

검정볼기쉬파리는 겹눈이 붉고 몸집이 크다. 몸길이는 7~13mm쯤이다. 가슴등판 가운데에 검은 줄이 세 줄 아래로 뻗어 있다. 배 등쪽은 황금빛 비늘가루가 모자이크를 이루고 있다.

뒤영벌기생파리

뒤영벌기생파리 *Tachina jakovlevi*
1999년 10월 경기도 남양주

뒤영벌기생파리는 집파리나 쉬파리와 달리 집에 들어오지 않는다. 높은 산에 살면서 꽃가루나 꿀을 먹는다. 봄부터 가을까지 높은 산꼭대기 근처에서 흔하게 볼 수 있다. 얼핏 보면 벌인지 파리인지 가려내기가 어렵다. 그런데 날개를 잘 살펴보면 벌은 날개가 두 쌍이고, 파리는 날개가 한 쌍밖에 없다.

기생파리는 다른 곤충의 몸속에 알을 낳는다. 암컷은 나비나 벌이나 나방이나 다른 파리들이 날아가면 뒤쫓아가서, 어디에 내려앉기를 기다렸다가 재빨리 몸에 산란관을 꽂아 알을 낳는다. 딱정벌레, 메뚜기, 매미가 가만히 쉬고 있을 때도 산란관을 꽂아 알을 낳기도 한다. 때로는 알을 나뭇가지나 풀잎에 낳아 놓으면 알에서 깨어난 애벌레가 지나가는 곤충 몸에 붙어 몸속을 뚫고 들어가 산다. 애벌레가 다 자라서 곤충 몸 밖으로 나오면 그 곤충은 죽게 된다. 기생파리가 붙어사는 곤충에는 해충이 많아서 해충을 막는 데 도움을 준다.

한살이 [알−애벌레−번데기−어른벌레]
한 해에 여러 번 발생한다. 어른벌레는 4월부터 10월 사이에 나타난다. 알을 다른 곤충 몸에 낳는다. 애벌레는 다른 곤충 몸을 파먹고 살다가 다 자라면 몸을 뚫고 밖으로 나온다. 밖으로 나오면 몸이 굳어지면서 번데기가 된다.

뒤영벌기생파리는 몸길이가 10~18mm쯤 된다.
겹눈 사이가 넓다. 이마 양옆에는 뻣뻣한 검은 털이
두 줄 나란히 나 있다.

중국별뚱보기생파리

중국별뚱보기생파리 *Ectophasia rotundiventris*
1999년 10월 경기도 남양주

중국별똥보기생파리는 몸집이 작고 통통하다. 여름에 풀잎이나 꽃 위에 앉아 있는 것을 쉽게 볼 수 있다. 도시에서는 보기 힘들다. 산에 많이 사는데 애벌레의 먹이가 되는 곤충이 흔한 곳에 많다.

어른벌레는 꽃가루를 먹고 산다. 움직임이 몹시 재빨라서 잡으려고 하면 얼른 다른 곳으로 날아갔다가 자기가 앉았던 꽃으로 되돌아온다. 다른 기생파리처럼 다른 곤충 몸속에 알을 낳고, 애벌레는 그 곤충을 먹고 자란다.

한살이 [알-애벌레-번데기-어른벌레]
6월에서 8월에 걸쳐 많이 나타난다. 다른 곤충의 몸에 알을 낳는다. 자세한 한살이는 알려져 있지 않다.

중국별똥보기생파리는 몸길이가 8~12mm쯤 된다.
머리 가운데가 검고 양옆은 황금색을 띤다. 배는 앞부분이
주황색이고 끝 쪽은 검은데, 끝만 조금 검은 것도 있고
절반쯤 검은 것도 있고 여러 가지다.

벼룩

벼룩 Pulicidae
1997년 11월

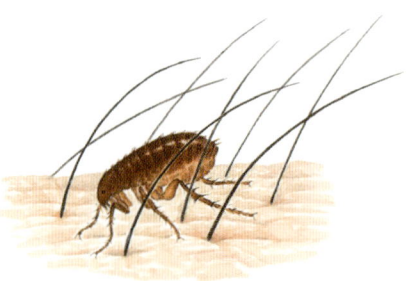

사람 몸에 붙어서 피를 빠는 벼룩

벼룩은 사람이나 소나 개의 몸에 붙어 피를 빨아 먹는다. 몸이 아주 작고 양옆에서 누른 것처럼 납작하고 진한 밤색빛이 난다. 뒷다리가 크고 튼튼해서 톡톡 튀면서 이리저리 잘 옮겨 다닌다. 제 몸에 견주어 볼 때 굉장히 높게 튀어 오른다. 피를 빨아 먹을 때 한 자리를 물고 금세 다른 곳으로 튀어 가서 또 물기 때문에 잡기 어렵다. 봄과 늦여름부터 가을 사이에 많다.

벼룩이 물면 모기가 문 것보다 훨씬 따갑고 가렵다. 그래서 물린 자리를 자꾸 긁다 보면 상처가 난다. 벼룩은 피를 빨아 먹으면서 병을 옮기기도 한다. 피를 빤 암컷은 구석지고 어두운 곳에 끈적끈적한 알을 낳는다. 옛날에는 사람에게도 많이 붙어살았지만 지금은 거의 사라졌다.

한살이 [알-애벌레-번데기-어른벌레]
어른벌레는 여섯 달쯤 산다. 암컷은 짝짓기를 한 뒤에 장롱 밑같이 어둡고 구석진 곳에 있는 먼지 덩어리 같은 곳에 알을 낳는다. 한 번에 10~20개씩 모두 400~500개쯤 낳는다. 알을 낳은 지 5일쯤 지나면 애벌레가 깨어 나온다. 애벌레는 두 번 허물을 벗고 번데기가 된다. 일주일이나 열흘쯤 지나면 어른벌레가 된다.

벼룩은 몸길이가 2~4mm쯤 된다. 주둥이가 머리 앞쪽에 있고 피를 빨기 쉽게 아래로 삐져 나와 있다. 몸빛은 검은 밤색이 많다.

덧붙이기
이로운 곤충
해로운 곤충
조심해야 할 곤충

우리 이름 찾아보기
학명 찾아보기

이로운 곤충

　곤충 중에는 사람에게 도움을 주는 익충도 있고 해가 되는 해충도 있다. 어떤 곤충이 익충이냐 해충이냐를 가르는 것은 쉬운 일이 아니다. 예를 들면 배추벌레는 배추나 양배추나 무에 살면서 잎을 갉아 먹는 해충이지만 어른벌레인 배추흰나비는 꽃가루받이를 도와줘서 익충이 된다.

　곤충은 약으로도 많이 쓴다. 땅강아지는 말려서 부스럼이나 입안에 상처가 난 데 약으로 쓴다. 가뢰에서 '칸다리딘'을 뽑아 내어 피부병 약으로 쓰고, 매미 허물은 신경통 치료제로 쓴다. 말린 누에나 번데기에서 키운 동충하초로 성인병을 치료하기도 한다.

　곤충에서 생산물을 얻는 것에 누에와 꿀벌이 있다. 누에는 명주실을 얻으려고 3천 년 전부터 기른 곤충이다. 조선 시대에는 나라에서 누에 치는 곳을 따로 두기도 했다. 꿀벌은 꿀을 얻으려고 오래 전부터 길러 왔다. 꿀벌에는 토종벌과 양봉꿀벌이 있다. 나비나 벌, 꽃등에, 풍뎅이 무리 가운데에는 꽃가루받이를 도와주는 것들이 많다. 이런 곤충이 아니면 과일이나 채소가 열매와 씨를 맺지 못한다.

　그 밖에 해충을 없애 주는 천적 곤충이 있다. 솔잎혹파리먹좀벌은 소나무 해충인 솔잎혹파리에 알을 낳고 칠성무당벌레는 진딧물을 먹어 치운다. 진딧물은 채소나 곡식이나 과일나무에 붙어서 즙을 빤다. 진딧물이 끼면 식물이 시들면서 병이 든다. 칠성무당벌레와 풀잠자리는 애벌레나 어른벌레나 다 진딧물을 많이 먹어 치운다. 이렇게 곤충 가운데는 이로운 곤충도 많다. 그러므로 해충을 없앤다고 독한 살충제를 마구 뿌리면 안 된다. 해충을 줄이려다 익충까지도 해치기 때문이다.

이로운 곤충

명주실을 얻으려고 기르는 누에

가루받이를 돕는 호박벌

진딧물을 잡아먹는
칠성무당벌레 애벌레

꿀을 얻으려고 기르는 꿀벌

군것질거리로 먹는
벼메뚜기

죽은 지렁이를 먹어 없애는 송장벌레

해로운 곤충

곤충 가운데는 사람에게 해를 주는 곤충도 적지 않다. 해를 주는 범위나 방법도 가지가지다.

벼농사에 가장 큰 해를 주는 곤충은 벼멸구다. 이런 해충들이 많이 나면 곡식이나 채소가 올찮아지고 거두는 양도 줄어든다.

해충이 나는 곳은 논밭뿐만이 아니다. 산에도 해충이 생겨난다. 솔잎을 갉아 먹고 사는 송충이는 몇 년에 한 번씩 수가 많이 불어서 소나무 숲을 해친다. 소나무가 어릴수록 피해가 더 심하다. 또 온 나라 소나무를 누렇게 말라 죽게 했던 솔잎혹파리도 골치 아픈 해충이다. 솔잎혹파리가 나면 솔잎이 부풀어 오르면서 혹이 생기는데 이렇게 되면 솔잎은 더 자라지 못하고 말라 죽는다. 밤나무혹벌은 밤이 열릴 자리에 벌레 집을 만들어서 밤이 맺지지 못하게 한다.

갈무리해 둔 곡식에도 벌레가 난다. 쌀바구미나 화랑곡나방이나 콩바구미가 그런 해충이다. 모기, 이, 벼룩, 빈대, 소등에 따위는 사람이나 집짐승에 붙어서 피를 빨아 먹는다.

그런데 이렇게 직접 해를 끼치는 곤충도 있지만 병을 옮겨서 더 크게 해를 입히는 곤충도 있다. 진딧물이 즙을 빨고 나면 채소나 곡식은 병에 걸리기 쉽다. 배추는 잎이 거뭇거뭇해지면서 자라지 않고 보리도 이삭이 검게 되고 영글지 않는다. 또 사람에게 무서운 전염병을 옮기는 해충도 여럿 있다. 작은빨간집모기는 일본뇌염을 옮기고, 중국얼룩날개모기는 말라리아나 사상충병을 옮긴다.

우리 겨레는 아주 먼 옛날부터 해충의 피해를 줄이려고 애써 왔다. 겨울에 논에다가 물을 대어 두고 해충이 겨울을 못 나도록 했다. 또 한겨울이 오기 전에 논밭을 갈아엎기도 한다. 그러면 흙속에서 겨울잠을 자려던 해충을 줄일 수 있다. 겨울에 나무줄기를 볏짚으로 싸 두었다가 이른 봄에 벗겨서 태우기도 한다.

해로운 곤충

가지 잎을 갉아 먹는
큰이십팔점박이무당벌레

배춧잎을 갉아 먹는 배추벌레

과일나무 뿌리를 갉아 먹는 굼벵이

콩에서 즙을 빠는 톱다리개미허리노린재

벼에 붙어 즙을 빨아 먹는
벼멸구

사람 피를 빠는 모기와 벼룩

쌀을 먹는 쌀바구미

조심해야 할 곤충

어지간한 곤충들은 사람이 만지거나 집어도 괜찮다. 노린재처럼 노린내를 뿜어내는 것도 있고, 개미처럼 무는 것도 있고, 벌처럼 쏘는 것도 있지만 웬만하면 큰 탈이 나지는 않는다. 그런데 조심해야 할 곤충이 몇 가지 있다.

나방 가운데는 '독나방'이 있다. 이 나방은 여름철인 7월 중순부터 8월 초 사이에 나타난다. 낮에는 수풀 속에서 쉬고 있다가 밤이 되면 날아다니는데 불빛을 좋아해서 전등불을 보고 달려든다. 독나방 어른벌레는 사람 살갗에 닿으면 피부병을 일으키기도 한다. 또 독나방 애벌레는 몸에 독이 묻은 털이 나 있어서 맨살에 닿으면 살이 벌겋게 부어오른다.

쐐기나방 애벌레도 독털이 있다. 쐐기나방 가운데서도 노랑쐐기나방, 장수쐐기나방, 뒷검은쐐기나방이 그렇다. 쐐기나방 애벌레는 쐐기라고 하는데, 몸에 독샘이 있는 센털이 나 있다. 이 털에 닿으면 털이 살갗에 꽂혀 독이 들어간다. 쐐기한테 쏘이면 아주 아프다.

벌이라면 다 쏠 것 같지만 쏘는 벌은 많지 않다. 사람을 쏘는 것은 말벌과와 꿀벌과에 드는 벌들뿐이다. 말벌은 나무줄기나 나무 그루터기 구멍이나 흙속에 저절로 난 굴에다 둥그렇게 집을 만든다. 말벌 집에 바싹 다가가면 사람에게 달려드는데, 놀라서 쫓으려고 손발을 허우적거리면 더 흥분해서 떼로 공격해 온다. 말벌한테 쏘이면 쏘인 자리는 노랗게 되고 그 둘레는 벌겋게 부어오르는데 화끈거리면서 아프다.

쌍살벌은 크기가 크고 길쭉하게 생겼다. 종이질로 된 둥근 집을 나뭇가지나 처마 밑에 매어 단다. 집 가까이에 많아서 쏘이는 사람이 많다.

사람을 쏘는 꿀벌은 일벌이다. 일벌은 보통 얌전한 편이지만 건드리면 흥분하여 독침으로 따끔하게 쏜다. 쏘이면 부풀어 오르고 붉어지며 화끈거리면서 아프다. 꿀벌은 한 번 밖에 못 쏘지만 말벌이나 쌍살벌은 여러 번 쏠 수 있다.

벌에 쏘인 자리에는 된장을 바르기도 한다. 산에 갈 때는 약국에서 파는 해독제를 준비해 가는 것도 좋은 방법이다. 또 들놀이를 할 때는 자리에 음료수 빈 병을 놓지 말아야 한다. 단것을 먹은 뒤에는 입을 깨끗이 닦아서 벌이 달려들지 않도록 한다.

조심해야 할 곤충

독침으로 쏘는 말벌과
나뭇가지에 매달려 있는 말벌 집

만지면 피부병이 생기는 매미나방 애벌레

떼로 덤벼서 쏘는 땅벌과
땅속에 있는 땅벌 집

독털이 있는 쐐기

우리 이름 찾아보기

가

가는실잠자리 40
가뢰 136
각다귀 208
각시멧노랑나비 200
거위벌레 148
검은물잠자리 42
검정볼기쉬파리 222
게아재비 78
고마로브집게벌레 56
고추잠자리 50
곰개미 158
긴꼬리제비나비 190
긴알락꽃하늘소 140
길앞잡이 108
꽃등에 218
꽃하늘소 140
꿀벌 170
끝검은말매미충 92

나

나나니 168
날도래 174
남색초원하늘소 140
네발나비 206
노란측범잠자리 44
노랑나비 198
노랑띠알락가지나방 178
노랑쐐기나방 176
노랑초파리 220
누에나방 180

다

대벌레 72
독일바퀴 52
두점박이좀잠자리 50
뒤영벌기생파리 224
땅강아지 62
땅벌 164

띠무늬우묵날도래 174

마

말매미 96
말벌 162
매미충 92
먹줄왕잠자리 46
명주잠자리 106
모기 210
모시나비 194
물땡땡이 114
물맴이 112
물방개 110
물자라 82
물장군 80
밀잠자리 48

바

바퀴 52
반딧불이 130
밤바구미 152
방아깨비 68
배자바구미 150
배짧은꽃등에 218
배추흰나비 196
벼룩 228
벼메뚜기 66
벼멸구 94
빌로오도재니등에 214
빨간집모기 210
뽕나무하늘소 144
뿔나비 202

사

사마귀 54
사시나무잎벌레 146
산호랑나비 192
섬서구메뚜기 64
소금쟁이 86

소똥구리 120
송장벌레 116
송장헤엄치게 84
쉬파리 222
실잠자리 40
쌀바구미 154
쌍살벌 166

아

아시아실잠자리 40
알락수염노린재 90
애기뿔소똥구리 120
애기세줄나비 204
애남가뢰 136
애반딧불이 130
애호랑나비 188
애호리병벌 160
양봉꿀벌 170
어리아이노각다귀 208
어리호박벌 172
여치 58
왕거위벌레 148
왕귀뚜라미 60
왕바다리 166
왕사마귀 54
왕소등에 212
왕잠자리 46
왕풍뎅이 122
우묵날도래 174
유지매미 98
이 74
일본왕개미 156
잎벌레 146

자

작은검은꼬리박각시 184
잔물땡땡이 114
장구애비 76
장수풍뎅이 124

점갈고리박각시 182
점박이꽃무지 128
좀길앞잡이 108
좀사마귀 54
줄점팔랑나비 186
중국별뚱보기생파리 226
진딧물 104
집게벌레 56

차

참납작하루살이 38
참매미 100
청줄보라잎벌레 146
칠성무당벌레 132
측범잠자리 44

카

콩중이 70
큰넙적송장벌레 116
큰이십팔점박이무당벌레 134
큰허리노린재 88

타

털매미 102
톱사슴벌레 118
톱하늘소 138

파

풀색꽃무지 126

하

하늘소 142
하루살이 38
호랑나비 192
호리꽃등에 216
호리병벌 160
호박벌 172
황나각다귀 208

학명 찾아보기

A
Acrida cinerea 방아깨비 68
Agapanthia pilicornis 남색초원하늘소 140
Allomyrina dichotoma 장수풍뎅이 124
Ambulyx ochracea 점갈고리박각시 182
Ammophila infesta 나나니 168
Anax parthenope 왕잠자리 46
Anax nigrofasciatus 먹줄왕잠자리 46
Aphididae 진딧물과 104
Apis mellifera 양봉꿀벌 170
Appasus japonicus 물자라 82
Apriona germari 뽕나무하늘소 144
Aquarius paludum 소금쟁이 86
Atractomorpha lata 섬서구메뚜기 64
Atrocalopteryx atrata 검은물잠자리 42

B
Baliga micans 명주잠자리 106
Biston panterinaria 노랑띠알락가지나방 178
Blattella germanica 독일바퀴 52
Bombylius major 빌로오도재니등에 214
Bombyx mori 누에나방 180
Bothrogonia japonica 끝검은말매미충 92
Bombus ignitus 호박벌 172

C
Camponotus japonicus 일본왕개미 156
Chrysolina virgata 청줄보라잎벌레 146
Chrysomela populi 사시나무잎벌레 146
Cicindela japana 좀길앞잡이 108
Coccinella septempunctata 칠성무당벌레 132
Colias erate 노랑나비 198
Copris tripartitus 애기뿔소똥구리 120
Crocothemis servilia mariannae 고추잠자리 50
Cryptotympana atrata 말매미 96
Culex pipiens pallens 빨간집모기 210
Curculio sikkimensis 밤바구미 152
Cybister japonicus 물방개 110

D
Dolycoris baccarum 알락수염노린재 90
Drosophila melanogaster 노랑초파리 220

E
Ecdyonurus dracon 참납작하루살이 38
Ectophasia rotundiventris 중국별똥보기생파리 226

Episyrphus balteatus 호리꽃등에 216
Eristalis cerealis 배짧은꽃등에 218
Eristalis tenax 꽃등에 218
Eumenes pomiformis 애호리병벌 160
Eusilpha jakowlewi 큰넙적송장벌레 116

F
Formica japonica 곰개미 158

G
Gametis jucunda 풀색꽃무지 126
Gampsocleis sedakovii obscura 여치 58
Gastrimargus marmoratus 콩중이 70
Gonepteryx aspasia 각시멧노랑나비 200
Graptopsaltria nigrofuscata 유지매미 98
Gryllotalpa orientalis 땅강아지 62
Gyrinus japonicus 물맴이 112

H
Helicophagella melanura 검정볼기쉬파리 222
Henosepilachna vigintioctomaculata 큰이십팔점박이무당벌레 134
Hydrochara affinis 잔물땡땡이 114

I
Indolestes peregrinus 가는실잠자리 40
Ischnura asiatica 아시아실잠자리 40

L
Laccotrephes japonensis 장구애비 76
Lamelligomphus ringens 노란측범잠자리 44
Leptura arcuata 긴알락꽃하늘소 140
Lethocerus deyrolli 물장군 80
Libythea celtis 뿔나비 202
Luciola lateralis 애반딧불이 130
Luehdorfia puziloi 애호랑나비 188

M
Macroglossum bombylans 작은검은꼬리박각시 184
Massicus raddei 하늘소 142
Meloe auriculatus 애남가뢰 136
Melolontha incana 왕풍뎅이 122
Molipteryx fuliginosa 큰허리노린재 88
Monema flavescens 노랑쐐기나방 176

N
Nemotaulius admorsus 우묵날도래 174
Nephrotoma cornicina 황나각다귀 208

Neptis sappho 애기세줄나비 204
Nilaparvata lugens 벼멸구 94
Notonecta triguttata 송장헤엄치게 84

O
Oncotympana fuscata 참매미 100
Orthetrum albistylum 밀잠자리 48
Oxya chinensis sinuosa 벼메뚜기 66

P
Papilio machaon 산호랑나비 192
Papilio macilentus 긴꼬리제비나비 190
Papilio xuthus 호랑나비 192
Paracycnotrachelus longiceps 왕거위벌레 148
Parnara guttata 줄점팔랑나비 186
Parnassius stubbendorfii 모시나비 194
Pediculus humanus 이 74
Pieris rapae 배추흰나비 196
Platypleura kaempferi 털매미 102
Polistes rothneyi koreanus 왕바다리 166
Polygonia c-aureum 네발나비 206
Prionus insularis 톱하늘소 138
Prosopocoilus inclinatus inclinatus 톱사슴벌레 118
Protaetia orientalis submarmorea 점박이꽃무지 128
Pulicidae 벼룩과 228

R
Ranatra chinensis 게아재비 78
Ramulus irregulariterdentatus 대벌레 72

S
Sitophilus oryzae 쌀바구미 154
Statilia maculata 좀사마귀 54
Sternuchopsis trifidus 배자바구미 150
Sympetrum eroticum 두점박이고추잠자리 50

T
Tabanus chrysurus 왕소등에 212
Tachina jakovlevi 뒤영벌기생파리 224
Teleogryllus emma 왕귀뚜라미 60
Tenodera sinensis 왕사마귀 54
Timomenus komarowi 고마로브집게벌레 56
Tipula patagiata 어리아이노각다귀 208

V
Vespa crabro flavofasciata 말벌 162
Vespula flaviceps 땅벌 164

X
Xylocopa appendiculata circumvolans 어리호박벌 172